文章が劇的にウマくなる「接続詞」

山口拓朗

明日香出版社

■はじめに

「自分でもよくわからない文章を書いてしまいます」
「論理的な文章の書き方がわかりません」
「文と文のつなげ方がよくわかりません」
「上司に『伝わらない文章を書くな』と怒られています」
「文章を書くのに時間がかかります」

　この本を手にしたということは、あなたにも、そんな悩みがあるのではないでしょうか。もしそうだとしたら、本書から、効き目抜群の処方箋をお受け取りください。その処方箋とは「使える接続詞集」です。全150以上の接続詞に「意味」と「使い方」そして「文例」を掲載しています。

　それまで述べた文章を受けて、後続の文章へと流す。その「渡し船」の役割を果たすのが接続詞です。一見、脇役のような存在ですが、実は、文章全体をコントロールしている**『影の実力者』**です。

　突然ですが、以下の**A**と**B**には何が入りますか？

◆ **頑張って練習した。だから、試合に（　　　A　　　）。**
◆ **頑張って練習した。しかし、試合に（　　　B　　　）。**

　おそらく、あなたはパッとわかったのではないでしょうか。そう、Aには「勝った」、Bには「負けた」が入ります。

あなたは「だから」や「しかし」といった接続詞をヒントに、後続の内容を先読みしたのではないでしょうか。これこそが、接続詞が『影の実力者』であるゆえんです。

私たちは接続詞を頼りに文章を読み解いていきます。裏を返せば、わかりやすく理解しやすい文章を書くためには、接続詞を正しく使う必要があるということ。どんなにすばらしい内容が書かれていても、接続詞の使い方が間違っていると（雑だと）、読む人に伝わらなくなってしまいます。これは大きな悲劇です。

【前述】 → 渡し船（接続詞）→【後述】

渡し船が適切でない文章は「悪文」です。論理や文脈が崩れてしまうため、読む人に「意味がわからない」「理解できない」「脈絡がない」「読みにくい」と思われかねません。

ちなみに、文脈とは「言葉と言葉、文と文、段落と段落の間の論理的なつながり」のこと。このつながり次第で、文章の意味内容が大きく変化します。

逆にいえば、この「渡し船」の使い方がうまくなるだけで、その人が書く**文章は驚くほど上達します**。その結果、読む人から「読みやすいです」「説得力があります」「わかりやすいです」といわれる機会が増えていきます。

接続詞というと、「しかし」「だから」「また」「したがって」など、日本語の品詞の「接続詞」を思い浮かべる人もいるかもしれません。しかし、本書では厳密に品詞を区別していません。日本

語研究者でもない限り、細かい品詞分けに意味はないからです。

本書では、いわゆる接続詞だけでなく、**副詞**や**代名詞**、**連語**なども含め、ざっくり**＜文と文をつなぐ役割を果たす言葉＞**を取りあげています。また、**文頭によく使われるフレーズ**も多数紹介します。逆に、接続詞であっても、使用頻度の低いものは省いています。あくまでも実践志向のセレクトです。

本書を一読するだけでも、あなたの文章力はアップします。なぜなら、数ある接続詞の意味とニュアンスを知った時点で、使える接続詞の引き出しが増えるからです。

そうそう、ご褒美もあります。たくさんの接続詞に触れることで、あなたの**読解力もアップ**します。昨今、読解力の低下が社会問題化しています。接続詞の正しい意味を知らなければ、当然、文章を正しく読み解くことができません。

「読む」と「書く」は表裏一体です。文章力を磨けば、おのずと読解力も磨かれます。学生であれば**テストの設問を正しく把握する能力**、社会人であれば**資料や書類を正しく把握するの力**も高まるでしょう。

メールやインターネットが隆盛を極めるこの時代に文章が書けないことは、リスク以外の何物でもありません（文章を読めないことも同様です）。本書が、あなたの総合的な文章力アップのお役に立つことを祈っています。

山口 拓朗

● もくじ　文章が劇的にウマくなる「接続詞」

はじめに

第1章　接続詞とは？

No.1	接続詞はウインカーである	20
No.2	接続詞のウインカー能力（実例）	22
No.3	接続詞を使いこなす唯一の方法	25
No.4	接続詞の乱用に注意	26
No.5	接続詞を使った文章上達エクササイズ	28
No.6	接続詞に案内してもらうテンプレート	30

第2章　言い換える

No.7　短く言い換えて本質を伝える
つまり　34

No.8　後続内容を強調する硬めの言い換え
すなわち　35

No.9　別の言葉でわかりやすく説明する
換言すれば／言い換えれば　36

No.10　ポイントを要約して伝える
要するに　37

No.11　より的確な表現をしたいときに
いうなれば　38

No.12 隠れ潜む意図をあぶり出す
裏を返せば *39*

第3章　順接する

No.13 接続詞のあと、書き手の判断を示す
だから／ですから／ですので *42*

No.14 当然この結果になります（結果にフォーカス）
したがって／よって *43*

No.15 ○○というワケです！（理由にフォーカス）
それゆえ／ゆえに／そのため *45*

No.16 原因・理由のあとで事実を書く！
それで *47*

No.17 結果がプラスか。マイナスか。
そのお陰で／そのせいで／そのせいか *48*

No.18 ぱっとシーンが移る場面転換効果
すると *50*

No.19 書き手の対応や行動を伝える前のタメ
そこで *51*

No.20 疑問解消、誤解防止、反論封じのテクニック
というと *53*

第4章　逆接する

No.21　それまでと相反する内容を伝える
しかし／しかしながら／だが／ですが　*56*

No.22　転機をドラマチックに演出する
ところが　*58*

No.23　先行内容を認めつつも、制限を加える
とはいえ／だからといって／とはいうものの　*60*

No.24　意見や感情を示す主観性の強い逆説
けれども　*61*

No.25　予測とは裏腹な結果へと行きつく
それでも／でも／（それ）にもかかわらず　*62*

No.26　予測外な結果を強調して伝える
それにしては　*64*

第5章　対比する

No.27　強めに対比関係を打ち出す
○○に対して　*66*

No.28　対比関係を示す定番接続詞
一方（で）／他方（で）　*67*

No.29　本来の方向がある→逆に 本来の方向がない→反対に
逆に／反対に　*68*

No.30　裏表は「反面」。二面性は「半面」
（その）反面／（その）半面　*70*

No.31　「Ａ」とは対照的な「Ｂ」を表現する
○○にひきかえ／○○とひきかえに　　71

No.32　認めながらも、全面賛同はしない
だからといって　　73

第6章　結論を導く

No.33　因果関係を明確にして結果を示す！
その結果／結果として／結果的に　　76

No.34　あまり好ましくない結果になった
結局／結局のところ　　77

No.35　先行内容をまとめる形で結果を示す！
このように／こうして　　78

No.36　理由（わけ）を明確にして結果へ進む！
というわけで　　79

No.37　丸ごと受け止めたうえで結論へ導く
**以上のことから／このことから
以上のとおり／上記のとおり**　　80

No.38　とにかく決着をつける！
いずれにせよ／いずれにしても　　82

No.39　ほかのことはどうあっても、まずはコレ！
**何はともあれ／何にしても／何にせよ／
何はさておき／ともかく**　　83

No.40　「つまり」よりさらに「詰まった」ケースで
つまるところ／とどのつまり　　84

第7章　添加する

No.41　「おまけにもうひとつ」とたたみかける
さらに（は）　　　88

No.42　意外性や書き手の心的態度を重ねて強調する
しかも／おまけに　　　89

No.43　客観情報を重ねて強調する
そのうえ／○○のうえ　　　90

No.44　先行内容と後続内容の価値は対等である
それに　　　92

No.45　先行内容を『取るに足りないもの』にする
それどころか／○○どころか／かえって　　　93

No.46　すでに相当の程度だが、そのうえさらに！
そればかりか／そればかりでなく／
○○ばかりか／○○ばかりでなく／のみならず　94

No.47　硬めの文章になじむ添加
（それに）加えて／ほかにも　　　96

No.48　A（前述）がさらに発展してB（後述）になる
ひいては　　　97

No.49　時系列で次の場面に移るときの合図
それから　　　99

No.50　使い方注意のカメレオン接続詞？
そして　　　100

No.51　Aでもそうなら、Bは当然そう！
まして（や）　　　102

第8章　補足する

No.52　参考にしてもらいたい補足情報を示す
ちなみに／余談ですが　　　　104

No.53　それまでの話に少し書き添える
なお　　　　105

No.54　例外的な規定を設ける
ただし／ただ　　　　106

No.55　条件などの『漏れ情報』を伝える
もっとも　　　　107

No.56　物事の「原点」や「核心」に迫る
そもそも　　　　108

No.57　ＡとＢを引き換える
かわりに／そのかわり／そのぶん／
かわりといってはなんですが　　　　109

No.58　打ち明け話をする
実は／実をいうと／実のところ　　　　110

No.59　理由や根拠を示すときの定番フレーズ
なぜなら　　　　111

No.60　隠れた事情を示すフレーズ
というのも　　　　112

No.61　特筆すべき情報を示すときに
なにしろ／なにせ　　　　113

第9章　選択を促す

No.62　ふたつ以上のなかから選ぶ
または　　　　　　　　　　　　　　　*116*

No.63　「必ず選べ」という気持ちが強い
もしくは　　　　　　　　　　　　　*117*

No.64　「または」よりも、並べる物事の類似性が高い
あるいは　　　　　　　　　　　　　*118*

No.65　数量や位置の限界や範囲を示す
ないし（は）　　　　　　　　　　　*119*

No.66　疑問文で使う『どっち？』の表現
それとも　　　　　　　　　　　　　*120*

No.67　同じ意味の言葉を重ねて MAX 強調！
はたまた　　　　　　　　　　　　　*121*

No.68　AよりもBがベター
むしろ／いっそ（のこと）　　　　　*122*

No.69　あえていうなら。あえて選ぶなら。
**強いていうなら／強いていえば／
どちらかといえば**　　　　　　　　　*123*

第10章　並列・列挙する

No.70　イメージは「and also」
また　　　　　　　　　　　　　　　*126*

No.71　意味は「and」
および　　　　　　　　　　　　　　*128*

No.72 それぞれ独立したものを並べる
ならびに　　　　　　　　　　　　　*129*

No.73 前後をテンポ良くつなぎ、併存・並立を示す
かつ　　　　　　　　　　　　　*131*

No.74 同様の物事や説明を列挙する
同じく／同様に　　　　　　　　*133*

No.75 一緒に！
併せて／（それと）ともに／
（それと）同時に／それに伴って　*134*

No.76 列挙フレーズ①
第一に〜　第二に〜　第三に〜　*136*

No.77 列挙フレーズ②
最初に〜（はじめに〜）続いて〜（ついで〜）
最後に〜（その後〜）　　　　　*137*

No.78 列挙フレーズ③
まず〜　次に〜　さらに（そして）〜　*138*

第11章　転換する

No.79 「いよいよ本題に入ります！」の合図
では／それでは　　　　　　　　*140*

No.80 本題に移るときの合図
さて　　　　　　　　　　　　　*141*

No.81 別の話題に切り替える！
ところで／話変わって／ときに　*142*

No.82	本題に移るときの合図
	それはそれとして／それはさておき／	
	それはそうと／それはともかく	144

| No.83 | 先行内容を認めたうえで、浮かんだ思いをいう |
| | **それにしても** | 146 |

| No.84 | 考えたこと、思ったこと、浮かんだことをいう |
| | **思うに／思えば／そういえば** | 147 |

| No.85 | 本題前に登場するビジネス文章の常連表現 |
| | **つきましては** | 148 |

第12章　例示・仮定する

| No.86 | 具体例を示す王道フレーズ |
| | **たとえば** | 150 |

| No.87 | よりストレートに具体例を示す |
| | **具体的には／一例を挙げると** | 151 |

| No.88 | あえて有望株をピックアップする |
| | **なかでも／とりわけ／とくに／ことに** | 152 |

| No.89 | さり気なく具体例を印象づける |
| | **○○を例に挙げるまでもなく／○○までもなく** | 154 |

No.90	「本当か？」と怪しまれそうなときが出番
	事実／実際に（実際のところ）／現に／	
	その証拠に	155

| No.91 | 「もしかしたら」の話し口調 |
| | **ひょっと（したら／すると／して）** | 156 |

| No.92 | 「もしそういう状況なら」と結果を推測する |
| | **だとすると／だとすれば／だとしたら** | *157* |

第13章　主張する

| No.93 | 主張する前に『受容』しておく |
| | **たしかに** | *160* |

| No.94 | いうまでもないことだけど |
| | **もちろん** | *161* |

| No.95 | まさしくそのとおり |
| | **○○のとおり** | *162* |

| No.96 | 「もともとそうですから！」といいたいとき |
| | **もとより** | *163* |

No.97	交渉や駆け引きにも使える強いフレーズ
	さもなければ／さもないと／さもなくば／
	そうでないと／（そう）でなければ	*164*

| No.98 | 誤解を避けるためのクッション言葉 |
| | **○○というと語弊があるが** | *165* |

| No.99 | 「偉そうに！」と思われないために |
| | **余計なお世話かもしれませんが** | *166* |

| No.100 | 勇気を出して意見をいう |
| | **批判を（承知／覚悟）で申し上げますが** | *167* |

| No.101 | 大胆な意見をいうときに |
| | **暴論かもしれませんが** | *168* |

第14章　その他

No.102 書き手の気持ちを示すシグナル
○○なことに *170*

No.103 一般的な傾向や度合を示す
多くの場合／世間一般では *171*

No.104 もしもの話を進めるかテーマ設定を知らせるか
○○の場合（は） *172*

No.105 ビジネスで使える論理的フレーズ
**○○を踏まえて（考慮して／勘案して／
視野に入れて／念頭に置いて）** *173*

No.106 ぱっと見の印象
一見すると／一見して／表向きは *176*

No.107 念押し目的であえてくり返す
くり返しになりますが *178*

No.108 「注目してね！」と旗を振る
○○すべきは〜点です *179*

No.109 何かを聞く＆疑問を呈するときの王道ワード
なぜ／どうして *180*

No.110 ビジネスシーンで信頼を得やすい表現
○○いうと（いえば）① 結論伝達系 *182*

No.111 わかりやすくまとめる表現
○○いうと（いえば）② 情報まとめ系 *184*

No.112 ドカンと、ビシっと、ザクっと伝える表現
○○いうと（いえば）③ 誇張・強調・概ね系 *186*

第15章　助詞

No.113　向かっていくのか、対等なのか
「に」「と」の違い①　　　*190*

No.114　結末を強調するのか、しないのか
「に」「と」の違い②　　　*191*

No.115　場所が「所在地」か「利用地」か
「に」「で」の違い　　　*192*

No.116　重視しているのは「目的地」か「方向」か
「に」「へ」の違い　　　*194*

No.117　動詞との相性を感覚的につかもう
「に」「を」の違い　　　*195*

No.118　重点をどこに置くか
「が」「は」の違い　　　*196*

No.119　稚拙な表現にならないように
「の」連続使用に注意　　　*199*

No.120　くり返して使うのが基本
並列助詞「たり」　　　*201*

第16章　呼応表現

おわりに

◎ カバーデザイン　　小口翔平＋永井里実 (tobufune)
◎ イラスト　　　　　パント大吉

第1章

接続詞とは？

▶ No.1

接続詞はウインカーである

人は先を予測しながら文章を読んでいます。次にくる文章や次の展開を的確に予測できれば、内容が理解しやすくなり、読み進めるスピードも速くなるからです。逆にいえば、読む人に予測しやすい文章を提供できる人は、伝わる文章の書き手である可能性が大です。

ひとつたとえ話をします。読み手であるあなたはクルマに乗っています。そしてあなたは、前を走るクルマ（文章）についていかなければなりません。前のクルマがウインカーを右に出せば、後続車に乗るあなたは「これから右に曲がるのね」と心の準備ができます（安心して追走できます）。

しかし、前を走るクルマがウインカーを出さず、突然右折したら、読み手であるあなたは驚くでしょう。とっさの右折についていけず、前車を見失ってしまうかもしれません。

あるいは、前のクルマがウインカーを左に出していたにもかかわらず、突然、右にハンドルを切ったらどうでしょう。あなたはパニックを起こして、ブレーキを踏みそこねたり、ハンドルを切りそこねたりするかもしれません。なんとも迷惑な話です。

接続詞の役割は、ずばり「クルマのウインカー」です。**適切なタイミングで正しくウインカーを出すことによって、読む人に文章の行く先をさり気なく教えてあげることができます。**

第1章　接続詞とは？

　一方、接続詞がほしい場面であるにもかかわらず、接続詞が使われていないと、文章の行く先を予測する手がかりがありません。すると、内容の理解が妨げられてしまいます。

　同様に、接続詞の使い方が誤っていた場合も、読む人の理解は妨げられます。頭が混乱する人もいれば、誤読してしまう人もいるでしょう。伝わらない文章は『百害あって一利なし』です。書き手と読み手、どちらも得をしません。

　どんなに内容がすばらしくても、読む人に正しく伝わらなければ意味がありません。とくに接続詞は文脈を作りあげるうえで重要な役割を担っています。「たかが接続詞」という意識が「されど接続詞」という意識へと変化したとき、その人の文章力は飛躍的に伸びていくでしょう。

▶ No.2
接続詞のウインカー能力（実例）

　実際の文章を例に、接続詞のウインカー機能がどのように働いているかを見ていきましょう。以下は、筆者が「編集力」をテーマに、ビジネス系サイトに寄稿した記事の一部です。

「編集力」と聞いて、あなたは何を思い浮かべますか？　書籍や雑誌の編集、あるいは映像や音声の編集などを思い浮かべる人が多いかもしれません。

たしかに、編集力はメディアの世界で重要な役割を果たしています。編集力次第で「商品（テレビ番組、映画、新聞、雑誌、書籍、インターネットサイトなど）」の価値が決まるからです。彼らが編集力に磨きをかけるのは当然といえるでしょう。

しかし、編集力は、決してメディア業界に限定して使われる能力ではありません。業種業態を問わず、営業、企画、宣伝、事務、接客、マーケティング、プロモーション、セールス —— 等々、あらゆる職種で求められるスキルです。

たとえば、会議での発言がうまい人とヘタな人。両者の差は編集力の差ともいえます。発言がうまい人は、把握している情報量が豊富なうえに、目的に応じて情報を適切に取捨選択し、なおかつ、選択した情報をわかりやすく再構成して伝えることを

得意としています。この一連のプロセスこそが「情報の編集」にほかなりません。

一方、会議での発言がヘタな人には、「情報の収集量が少ない」「目的に応じた『情報の取捨選択』ができない」「情報をわかりやすく再構成することができない」などの傾向があります。本人は単に「自分は人前で話すのが苦手」と思っているだけかもしれませんが、実はその根っこには『編集力のなさ・低さ』が隠れているかもしれないのです。

　まず注目してもらいたいのが、第2〜第5段落の冒頭につけた接続詞です。「たしかに」「しかし」「たとえば」「一方」です。これらはこの記事の文脈を作りあげるうえで大きな役割を果たしています。以下は、各段落の内容の要約です。

【第1段落】「編集力」と聞いて書籍や映像の編集を思い浮かべる人は多い。
【第2段落】編集力はメディアの世界で重要な役割を果たしている。
【第3段落】編集力はメディア業界に限定して使われる能力ではない。あらゆる業種業態に必要な能力である。
【第4段落】会議での発言がうまい人は編集力がある。
【第5段落】会議での発言がヘタな人は編集力がない。

　この要約だけでは、情報がぶつ切れに並んでいるようにしか見えません。ところが、この要約に、先ほど挙げた接続詞を組み合わせてみると、文脈が浮かび上がってきます。

【第1段落】「編集力」と聞いて書籍や映像の編集を思い浮かべる人は多い。

【第2段落】**たしかに**、編集力はメディアの世界で重要な役割を果たしている。

【第3段落】**しかし**、編集力はメディア業界に限定して使われる能力ではない。あらゆる業種業態に必要な能力である。

【第4段落】**たとえば**、会議での発言がうまい人は編集力がある。

【第5段落】**一方**、会議での発言がヘタな人は編集力がない。

　先ほどよりも、内容が頭に入りやすくなりました。なぜなら、それぞれの接続詞がウインカーとして機能し、文章の行く先を明確に示しているからです。接続詞を使うことで各段落が連動し、ひとつの文脈が浮かび上がったのです。

【各接続詞のウインカーの役割】

・**たしかに** → はっきりしていることを示す(160ページ)

・**しかし** → それまでの内容と対立する事柄を示す(56ページ)

・**たとえば** → それまでの内容について、具体的な事例を示す
　　(150ページ)

・**一方** → もうひとつの側（他方）を示す(67ページ)

　大事なのは、それぞれの接続詞が担っているウインカーの役割を正確に把握できているか否か、です。把握できていれば、文と文をつなぐときに適切な接続詞をさっと選ぶことができます。

▶ No.3

接続詞を使いこなす唯一の方法

　「接続詞の重要性はわかったけど、その言葉選びが難しいんだよ……」と思っている方もいることでしょう。一文を書き終えて句点（マル）を打った。次に書く内容も頭にはある。でも両者をつなぐ言葉に何を選べばいいかがわからない……。たしかに、そこで多くの人がつまずいてしまっています（その結果、文章作成にかかる時間も長くなります）。

　この問題を解消する方法はひとつだけ。以下のステップを踏むしかありません。

ステップ１：さまざまな接続詞の意味を知る
ステップ２：実例を読んでそれぞれの接続詞の使い方を知る
ステップ３：実際に接続詞を使って書く

　接続詞の意味を知らなければ、そして、接続詞の適切な使い方を知らなければ、どう頑張っても、接続詞を使いこなせるようにはなりません。本書は、あなたにステップ１と２を提供するために存在しています。各接続詞の意味とニュアンスをお伝えするほか、それぞれの接続詞を使った実例も載せています。

　本書を読み込めば、接続詞の引き出しが増えます。引き出しが増えれば、その都度、適切な選択ができるようになるため、より的確に文脈を構築することができます。あとは、あなたが試行錯誤をくり返しながら、ステップ３を実践していくだけです。

▶ No.4

接続詞の乱用に注意

　書く人と読む人の両者にとって便利な接続詞ですが、ただ闇雲に使えばいいというものではありません。**とくに、接続詞を削ることで「くどさが消える（ただし、読む人の理解度は落ちない）」ようなら、使用を控える決断も必要です。**

昨日、プロジェクトリーダーに指名されました。**その理由としましては**、前任の後藤さんの鶴のひと言で決まったとのこと。**したがって**、謹んでお受けしました。**とはいえ**、簡単な仕事だとは思っていません。**だから**、まずはプロジェクトの方針を明確にしていく所存です。

　この文章の意味がわからない人はいないでしょう。しかし、ゴツゴツして読みにくい、と感じる人がほとんどでしょう。不要な接続詞が多いことが原因です。このなかから不要な接続詞を削ってみます。

昨日、プロジェクトリーダーに指名されました。前任の後藤さんの鶴のひと言で決まったとのこと。謹んでお受けしました。**とはいえ**、簡単な仕事だとは思っていません。まずはプロジェクトの方針を明確にしていく所存です。

　逆説表現の「とはいえ」以外の接続詞を削りました。接続詞を

削ったからといって、伝わりにくくなったということはありません。くどさが消えて、むしろ、意味が頭に入りやすくなりました。

さまざまな接続詞のなかでも、「しかし」「ところが」「だが」「とはいえ」など、それまで述べた内容とは逆（別）方向に話を展開する「逆説表現」は、残したほうがいい接続詞の代表格です。ほかにも、その接続詞を使うことで以下のような効果が得られるケースでは、接続詞を削る必要はありません。

- ◆ **論理が明確になる**
- ◆ **内容の理解が進む**
- ◆ **文章にリズムが出る**
- ◆ **ニュアンスが伝わる**

一方、削っても問題がない接続詞には「だから」「それで」「そして」「それから」「また」などがあります。

もちろん、「接続詞を使ったほうが書きやすいんですけど……」という方は、積極的に接続詞を使ってOKです。ただし、「自分が書きやすい」ことと、「読む人が読みやすい」ことは同じではありません。読み返したときに「この接続詞はないほうがいい」と感じたときは、「ここまでの道案内、お疲れ様でした」と感謝の言葉をかけながらそっと削りましょう。

▶ No.5
接続詞を使った
文章上達エクササイズ

　接続詞のセンスを磨くうえでおすすめのエクササイズが、接続詞に適した「続きの文章を書く」という方法です。ゲーム感覚で取り組んでみましょう。

夜中に無性にお腹が空いた。
しかし、＿＿＿＿＿＿＿＿＿＿＿＿＿＿＿＿＿＿＿＿＿＿＿。
それに、＿＿＿＿＿＿＿＿＿＿＿＿＿＿＿＿＿＿＿＿＿＿＿。
しかも、＿＿＿＿＿＿＿＿＿＿＿＿＿＿＿＿＿＿＿＿＿＿＿。
だから、＿＿＿＿＿＿＿＿＿＿＿＿＿＿＿＿＿＿＿＿＿＿＿。
結局、＿＿＿＿＿＿＿＿＿＿＿＿＿＿＿＿＿＿＿＿＿＿＿。

　接続詞に合う文章を空欄に書き入れてください。「しかし」のあとに文章を書いたら、続いて、「それに」のあとに文章を書く、という形です（上から順番に埋めていきます）。

夜中に無性にお腹が空いた。
しかし、　いま食べては、せっかくのダイエットが台なしだ。
それに、　明日は朝から健康診断だ。
しかも、　胃カメラも飲むことになっている。
だから、　ここは我慢して寝るしかない。
結局、　　僕は水だけ飲んで、再びベッドにもぐり込んだ。

あなたは、どんな文章を書きましたか？　なぜ、私たちは「夜中に無性にお腹が空いた」という文章から、続きの文章を書くことができたのでしょうか？　それは接続詞が、私たちに書くべき内容を道案内してくれたからです。「しかし」のあとに入る言葉はさまざまです。以下は一例です。

　・しかし、あいにく今日は冷蔵庫に何も入っていない。
　・しかし、次の瞬間「この誘惑に負けてはいけない」と思った。
　・しかし、ここで食べれば、きっと後悔することになるだろう。

　よく「何を書いていいかわかりません」という人がいます。少し荒療治となりますが、そういう人には、むりやり接続詞を書いてみるというエクササイズもおすすめです。たとえば、「さて」と書いてみて、「さて」に続く文章を考えてみるのです。おそらく「さて、今日はどんな一日だっただろうか？」「さて、今日は私の趣味について書いてみよう」のように、言葉が出てくるでしょう。接続詞に含まれる意味が「呼び水」となって、私たちが『書くべきもの』を生み出してくれるのです。ゲーム感覚で楽しんでみましょう。

　接続詞は、私たちのなかにある『書くべきもの』を引き出してくれる優秀なインタビュアともいえます。「しかし、何ですか？」「それに、何ですか？」「しかも、何ですか？」「だから、何ですか？」「結局、何ですか？」と質問してくれているのです。書き手であるあなたは、その質問に答えることによって、文章を生み出すことができるのです。

▶ No.6
接続詞に案内してもらう
テンプレート

　スタートからゴールまで丁寧に道案内をしてくれる文章テンプレート（型）を用意しました。テンプレートの各パートの冒頭には、多くの場合、接続詞が入ります。それによって、話の筋道がはっきりするほか、読む人の納得度も高まります。

　以下はビジネス文章にも使える「**結論優先型**」と「**主張・提案型**」です。読む人に論理的に情報を伝えたいときにおすすめです。

◆ 結論優先型テンプレート

① そのお店は人気店に違いない。【結論】

② **なぜなら**、SNS 上でよく見かけるからです。【理由】

③ **たとえば**、先日はある有名人が Instagram にそのお店のことを投稿していました。【具体例1】

④ **さらに**、私の友人のなかにも「いつかそのお店に行ってみたい」と心を弾ませている人がいます。【具体例2】

⑤ 気がつけば私も、そのお店のことが頭から離れなくなってしまいました。近いうちに予約を入れてみるつもりです。【まとめ】

　テンプレートの流れを接続詞と一緒に覚えてしまうとラクです。「なぜなら」と書いたら理由を書く。「たとえば」と書いたら具体例を出す。「さらに」と書いたら、もうひとつ何か重ねて伝える。そんな感覚を身につけましょう。

◆ 主張・提案型テンプレート

① 子どもの自主性を育てたいのであれば、親は過保護をやめなければいけません。【主張】

② **なぜなら**、あまりに手をかけすぎると、子どもの自主性が育まれにくくなるからです。【理由】

③ **たとえば**、世の中には、子どもが高学年であるにもかかわらず、忘れ物しないよう、毎晩、翌日の学校の準備を手伝ってあげる親がいるそうです。【具体例】

④ **もちろん**、その親は子どものために『よかれ』と思ってやっているのでしょう。「自分は親として正しいことをしている」と思っている人も少なくないはずです。【予想される反論への共感】

⑤ **しかし**、親が先回りして手を出すことによって、子どもは自分の頭で考えなくなります。当然、「失敗から学ぶ」機会もなかなか得られません。そのような結果、子どもの自主性が育つ機会がどんどん奪われてしまうのです。【予想される反論への反論】

⑥ 多くの親にとって、子育てのゴールとは自立ではないでしょうか。そのゴールへと導くためにも、親は「過保護」と決別しなければいけません。【再主張】

　こちらも、流れを接続詞とセットで覚えてしまいましょう。「なぜなら」と書いたら理由を書く。「たとえば」と書いたら具体例を書く。「もちろん」と書いたら、いうまでもないことを書く。「しかし」と書いたら、それまでとは反対のことを書く。接続詞の力を借りながら、スピーディに文章を書き進めていきましょう。

第2章

言い換える

▶ No.7 短く言い換えて本質を伝える

つまり

「**つまり**」は、【結局／最終的には】の意味で、【それまで述べた内容をまとめて、書き手が『本質』だと思うことを伝えたい】ときに使います。**「つまり」でわかりやすくまとめてあげることで、読む人が理解しやすくなります。**

◎ Ａ社は今回の新商品に従来の３倍近い広告費を投入しています。**つまり**、それだけ本気だということです。

◎ 都内のデパートでは、最上階の催事場で地方の特産品を販売するケースが増えています。**つまり**、デパート側は、地方の特産品に集客効果があると考えているわけです。

「つまり」の続き（後の文）が、やたらと長い文章を見かけます。「詰まる」どころかむしろ話がどんどん展開していくのです。これは、あまり褒められた書き方ではありません。「つまり」に続く文章は、できる限り簡潔に書きましょう。

なお、「つまり」には、【別の言葉に置きかえれば／言い換えると／すなわち】の役割で使うものもあります。

◎ メモを取ることは、アウトプットをするとき、**つまり**、話をするときや文章を書くときにも役立ちます。

▶ No.**8**　後続内容を強調する硬めの言い換え

すなわち

第2章　言い換える

　「**すなわち**」は、言い換えの役割を果たす少し硬めの接続詞です。**【それまで述べた事柄について、（書き手が強調したい）別の言葉で説明し直す】ときに使います。**「法律関係の文章」や「数学の証明」にもよく用いられます。

◎ 時田薫さんは、私の兄の娘、**すなわち**姪にあたります。

◎ 伝え方の技術とは、**すなわち**、自分と相手の脳を「共通言語」という1本の管でつなぐ技術のことである。

　また、「すなわち」には、**【それまでに述べた事柄と、続いて述べる事柄がまったく同じであることを強調したい】**ときの用法もあります。**【まさしく】のニュアンス**を含んでいます。

◎ お客様の喜びは、**すなわち**、私たち社員の喜びです。

◎ 呼吸をすることは、**すなわち**、生きることです。

　さらに、「すなわち」には、**【それまで述べた事柄を条件として、その先で述べる事柄が必然的に成り立つ】**ときの用法もあります。**【そのときは／そうすれば】のニュアンス**を含んでいます。

◎ 続ければ、**すなわち**成功する。

▶ No.9　別の言葉でわかりやすく説明する

換言すれば／言い換えれば

　「**換言すれば**」は、【言葉を換えていうと】の意味です。「つまり」や「すなわち」に「まとめ」や「強調」の役割があるのに対し、「換言すれば」には、**それまで述べた内容をさらに別の言葉でわかりやすく説明する役割**があります。ややかしこまった表現です。

◎　Ａ社が提供するプラットフォームは、多かれ少なかれ、日本人の働き方に革命をもたらすでしょう。**換言すれば**、Ａ社の試みは新たな社会システムの創造であり、構築なのです。

×　今後、同時通訳アプリの精度は飛躍的に高まります。換言すれば、英語教育の意義は薄れていくでしょう。（←言い換えになっていない。置き換え候補は「そうなれば」）

◎　以上のことを**換言すれば**、人間は「正しさ」よりも「楽しさ」に反応しやすいということです。

　もう少し表現をソフトにしたいときは、「換言」という熟語を使わず、「**言い換えれば**」と書くようにしましょう。

◎　集まったのは、カサカサ肌に悩まされている40代の女性です。**言い換えれば**、弊社がターゲットにしている人たちです。

▶ No.**10**　ポイントを要約して伝える

要するに

第2章　言い換える

　「**要するに**」は、【要点を話すと／まとめると／かいつまんでいうと】などの意味。【**それまで述べた事柄について、別の言葉で簡潔にまとめて伝えたい**】ときに使う言葉です。「要するに」と書いておきながら、その続きで話がまとめられていない文章はNGです。

◎ 同じ内容の話でも、好きな人の話は納得しやすく、嫌いな人の話は納得しづらいという傾向があります。**要するに、**聞き手が話し手に抱いている感情次第で、話の納得度は変化するのです。

◎ 散歩をしたり、映画を観に行ったり、買い物に行ったり、**要するに、**家から出て活動することが大切です。

　相手から送られてきたメールの文面がわかりにくいようなときに、「要するに」を使って**ポイントを問いただす**方法もあります。

◎ **要するに、**売上げが2万個を超えた段階で、インセンティブが付与されるという理解でよろしいでしょうか？

　なお、類語の「**要は**」は、やや砕けた印象の言葉です。目上に対してや、品格が求められる文章での使用は控えましょう。

▶ No.11 より的確な表現をしたいときに

いうなれば

「**いうなれば**」は、【それまで述べてきた内容について、別の表現でたとえたい】ときに使う言葉です。「いうなれば」のほかにも、「**いってみれば**」「**たとえて（いうと／いえば／いうなら）**」「**たとえるなら**」「**いわば**」など、さまざまな置き換え表現があります。前後の文脈に合った表現を選びましょう。

◎ **いうなれば**、この会社は第二の故郷です。

◎ **いうなれば**、視聴者に対する背信です。

◎ **いってみれば**、この商品が売れるかどうかは、市場の成熟度合いにかかっているということです。

◎ **いってみれば**、手かせ足かせをつけられている状態です。

◎ **たとえていうなら**、スタンリー・キューブリックの映画のような世界観です。

◎ **たとえるなら**、罪人が口先だけで正義を語るようなものです。

◎ **いわば**日本のスティーブ・ジョブズです。

「いうなれば」に続く文章を読んだ人が、「うまいことをいうね」「的確だね」とひざを打ってくれるようなら合格です。反対に、たとえがヘタで、読む人に「えー、そうかな？」と思われてしまようだとアウト。たとえには力を入れましょう。

38

► No.12　隠れ潜む意図をあぶり出す

裏を返せば

第2章　言い換える

　「**裏を返せば**」は、【逆の見方をすれば／本当のことをいえば】の意味で、**【それまで述べた内容について、あえて逆の面に光を当てることで『隠れ潜んでいる○○』を浮き彫りにする】**ときに使います。「先行文章（＝表向き）、後続文章（＝本音や真相）」の構造で、前後の文脈のコントラストを光らせます。

> ◎ Ａ社が作る家具はアート性が高い。**裏を返せば**、実用には向いていないともいえます。
> ◎ Ｂ社が生産拠点をアジアに移しました。**裏を返せば**、国内での生産はコストが高くつく、ということです。
> ◎ 田端さんのラボは、若手に厳しい指導をすることで有名でした。**裏を返せば**、それだけ若手に期待を寄せていたのでしょう。

　「**裏を返せば**」と書いておきながら、逆の面に光を当てられていない文章はＮＧです（以下の×の例文）。説得力に乏しい文章となり、信用を落としてしまう恐れもあるので注意しましょう。

> × 彼は人一倍こだわりが強い。**裏を返せば**、平和主義者だ。
> ○ 彼は人一倍こだわりが強い。**裏を返せば**、頑固者だ。

第3章

順接する

▶ No.13　接続詞のあと、書き手の判断を示す
だから／ですから／ですので

　「**だから**」は、【そうであるから／それゆえ】の意味で、【それまで述べた内容を受けて、それを理由として起こる事柄を、書き手の独断で示したい】ときに使います。後続内容には書き手の推測や意見、指示、見解などがきます。**主観が強い表現のため、客観性が求められる論文などにはなじみません。**ちなみに、「だから」を丁寧にした言葉には「**ですから**」があります。読む人に与える印象は「だから」よりもソフトです。

◎ 課長は褒め上手だ。**だから**、部下から好かれるのだろう。

◎ 納期まであと３日です。**だから**、できる限り急いでください。

◎ 秋刀魚（さんま）は今が旬です。**ですから**、お店を休むわけにはいきません。

　「だから」に似た言葉に、「**なので**」と、「なので」を丁寧にした「**ですので**」があります。**「だから」ほど主観的・独断的なニュアンスがないため、客観性が求められる文章にも使えます。**ただし、「なので」はカジュアルな話し言葉です。礼儀や格式が求められるビジネス文章では「ですので」を使いましょう。

◎ 当日は試験もあります。**ですので**、筆記用具をお持ちください。

▶ No.14 当然この結果になります（結果にフォーカス）

したがって／よって

「**したがって**」は、【それまでに述べた原因や理由、条件によって、あとの事柄（結果）へと必然的に行き着く】ことを表す接続詞です。前ページの「だから」ほど主観的・独断的なニュアンスは含まれていません。

よくドラマなどで裁判官が、ひととおり理由を述べてから「したがって、被告の主張を却下します」のように伝えるシーンがあります。「**したがって**」には、【**結果へ行き着くのは論理的かつ必然である**】という確信のようなものが感じられます。

---

① 今回のミスは、Ａ社の在庫管理システムの不具合が原因で起きたものです。弊社には一切の責任がございません。

② 今回のミスは、Ａ社の在庫管理システムの不具合が原因で起きたものです。**したがって**、弊社には一切の責任がございません。

---

①には「したがって」を使っていません。意味は十分に理解できますが、「Ａ社の在庫管理システムの不具合」と「弊社には一切の責任がないこと」に、強い因果関係があるように感じられません（実際には強い因果関係があるにもかかわらず）。

一方、「したがって」を用いた②であれば、前後の因果関係が明確です。こちらは、論理的に納得しやすい文章といえるでしょう。

第3章 順接する

もっとも、「したがって」を使うと、読む人（相手）に冷たくキツい印象を与えてしまうこともあります。表現をやわらかくしたいときは「**したがいまして**」を使いましょう。

◎ 弊社の営業時間は 10 時から 18 時です。**したがいまして、**18 時以降にお申し込みいただいた分につきましては、翌日の取り扱いとなります。どうかご了承くださいませ。

　簡潔さが求められる儀礼的な文章では「**よって**」が適していることもあります。

◎ 依然、故障のリスクは高いままです。**よって、**商品化につきましては「継続検討」とさせていただきます。
◎ 最近、不正アクセスの頻度が高まっています。**よって、**セキュリティをレベル 5 へと強化します。

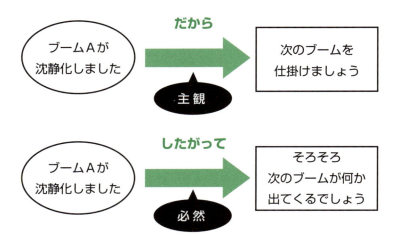

▶ No.15 ○○というワケです！
（理由にフォーカス）

それゆえ／ゆえに／そのため

「**それゆえ／ゆえに**」は、【それまでに述べた内容を理由として、あとの事柄を導く】役割を果たします。後続内容（結果）を強調する「したがって」に対し、「それゆえ」や「ゆえに」は、**先行内容（理由や原因）を強調したいときに使います。**

> ① 発行部数が低迷しています。**したがって**、紙面を刷新します。
> ② 発行部数が低迷しています。**それゆえ**、紙面を刷新します。

「したがって」を使った①が【紙面を刷新する】という結果を重視している一方、「それゆえ」を使った②は、【発行部数が減った】という原因を重視した書き方です。

> ③ 原材料の仕入れがストップしてしまいました。【**したがって／ゆえに**】商品が製造できません。

③の場合、「したがって」を使うと、「原材料の仕入れがストップしたのだから、商品が製造できないのは当然である」という『結果重視』の文章になります。一方、「ゆえに」を用いた場合は、「商品が製造できないのは、原材料の仕入れがストップしたからである」という『原因重視』の文章になります。

ほかにも、先行文章（理由や原因）を強調する表現には「**その**

第3章 順接する

45

ため」があります。硬めの文章に合う「それゆえ」や「ゆえに」に対して、「そのため」は読む人に与える印象がソフトです。

- ◎ 銀行のシステムが故障しました。**そのため**、午前中に送金することができませんでした。
- ◎ 来月、重要なコンペティションがあります。**そのため**、今から準備を整えています。

さらに、「そのため」を噛み砕いた表現には「**そういうわけで**」もあります（やや話し口調）。文章の目的や内容、文体の硬軟にあわせて最適な表現を選びましょう。**文体の「硬い→やわらかい」順でいうと「それゆえ→ゆえに→そのため→そういうわけで」です。**

なお、「理由・原因」と「結果」の距離が近い場合（因果関係が強い場合）には、「**このため**」とう表現がふさわしいケースもあります。「国債の価格が下落。**このため**、金利が５％に上昇しました」という具合です。

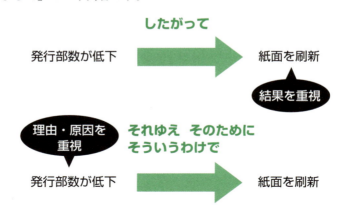

▶ No.**16** 原因・理由のあとで事実を書く！

それで

「**それで**」は、【それゆえ／そういうわけで】と同系列の意味で、**【それまでに述べた内容を理由として、あとの事柄を導く】とき**に使います。ただし、その後に続く文章は「事実」のみで、判断や命令、依頼などを書くことはできません。

◎ 反対派の何人かが立場を変えた。**それで**、形勢が一変した。

× 結局、企画はボツに。**それで**、私たちもやり方を変えよう。(←後続内容が事実ではなく、書き手の意見が書かれている。置き換え候補は「こうなったからには」)

また、「**それで**」には、**【それまで述べた内容を受けて、話題を変えたり（以下①）、相手に話を促したり（以下②）する】とき**に使うこともあります。

---

① **それで**、実をいうと、日程面での懸念があります。

② **それで**、何か具体的な対策をお考えでしょうか。

「それで」を略した「**で**」は、フォーマルさを欠いているため、ビジネス文章にはなじみません。モノローグ（独白）的な話し言葉で書くことが許される場面に限定して活用しましょう。

◎ **で**、どうやって言い訳したんだい？

第３章　順接する

▶ No.17　結果がプラスか。マイナスか。
そのお陰で／そのせいで／そのせいか

　「そのお陰で」は、**【それまで述べた内容を理由として、プラスの結果になった】** ときに使う言葉です。状況報告などをするときや、誰か（何か）に感謝を示すときに重宝します。○○に具体的な言葉を入れて「**○○のお陰で**」としてもいいでしょう。

◎ 大山先生に問題の解き方を教わりました。**そのお陰で**、ぶじ○○の試験に合格することができました。

◎ **西山さんのお陰で**、締め切りに遅れずにすみました。

　「そのお陰で」がプラスの結果を伝える表現であるのに対して、「**そのせいで**」は、**【それまで述べた内容を原因として、マイナスの結果になった】** ときに使う言葉です。ただし、「そのせいで」は少しキツめの言葉です。表現をマイルドにしたいときは「そのため」（45ページ）への置き換えを検討しましょう。

　なお、原因が定かではないときは「**そのせいか**」を使います。

◎ 本来届くべき食材が届きませんでした。**そのせいで**、料理が作れず、オープンを延期せざるを得ませんでした。

◎ 冷たい雨に打たれました。**そのせいか**、少し風邪気味です。

そのお陰で

理由 → プラスの評価・結果

そのせいで

原因 → マイナスの評価・結果

第3章　順接する

▶ No.**18** パっとシーンが移る場面転換効果

すると

「**すると**」は、【それまで述べた内容に続いて起きる出来事を語るとき】に使う言葉です。**「すると」で一瞬、間をとることで、続きのシーンにパっと移る『場面転換効果』が得られます。**

◎ ダイヤルを右回転で7に合わせてから、こんどは左回転で2に合わせてください。**すると**、ロックが解除されます。

◎ 先月から「みなし残業制」が導入されました。**すると**、目に見えて残業する人が減りました。

「すると」には、【それまで述べた内容から判断した結果を表す】使い方もあります。【それでは】のニュアンスです。

◎ **すると**、イベントは中止になったのでしょうか?

◎ **すると**、交渉は決裂したのか。

驚きや劇的さを演出したいときは、「**するとどうでしょう**」とひと呼吸置く技法もあります。

◎ **するとどうでしょう。** クレームが劇的に減ったのです。

▶ No.**19**　書き手の対応や行動を伝える前のタメ

そこで

第3章　順接する

「**そこで**」は、【そういうわけで／そういう事態になったので】の意味で、【それまで述べた内容を受けつつ、書き手がどういう対応・行動をするかを示す】ときに使います。**「そこで」と一拍置くことで、読む人は後続内容への意識を高めます。**

◎ このままでは締め切りに間に合いません。**そこで**、急きょ、外部スタッフにサポートを依頼することにしました。

◎ 会議では有益なアドバイスを多数いただきました。**そこで**、改めて練り直したのが、このスピンオフ企画です。

× 「地方こそ穴場です」と力説しても納得してもらえません。**そのため**、この資料を作りました。（←「そのため」では、後続内容への意識がさほど高まらない。「そこで」が適切）

「**そこで**」には、【さて】のように、話題を変えたり、話題を戻したりする使い方もあります。以下の①は読む人（＝お願いされる人）が唐突感を覚えます。「そこで」でタメを作った②であれば、読む人が自然と言葉を受け入れるでしょう。

---

① 以上が今回の計画ですが、ひとつお願いがございます。

② 以上が今回の計画です。**そこで**、ひとつお願いがございます。

51

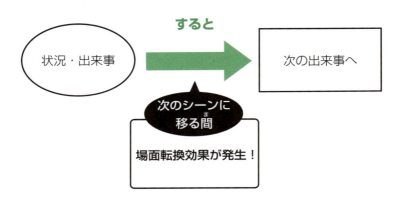

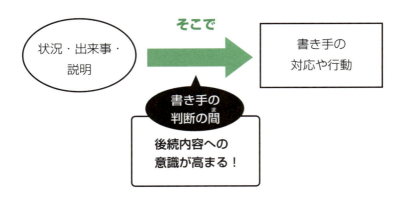

▶ No.20 疑問解消、誤解防止、反論封じのテクニック

というと

接続詞的に使う「**というと**」は、【それまで述べた内容を受けて、後述する内容が必然的に成立することを示す】言葉です。

> ◎ **というと**、まるで原課長の意見に反対しているかのように聞こえるかもしれませんが、私はむしろ賛成寄りの立場です。
>
> ◎ **というと**、「間に合うのか？」と心配される方もいると思いますが、実際は、かなり前倒しして計画を進めています。

このように、**「というと」に続く文章では、一度結論からは逆方向へ話を進めることが少なくありません。**具体的には、読む人が抱きそうな「疑問・誤解・反論」などを取りあげます。読む人に「私もそう思っていた（感じていた）」と共感してもらってから、次に、疑問を解消する（誤解を解く／反論を封じる）回答を示します。すると、読者の理解度・納得度が一気に高まります。

読む人が抱きそうな
疑問・誤解・反論など

しばらく私は口を挟みません。
というと、怠惰だと思うかもしれませんが、
これは部下の自主性を育むために必要な処置です。

疑問解消！　誤解を解く！
反論を封じる！

第4章

逆接する

▶ No.21 それまでと相反する内容を伝える
しかし／しかしながら／
だが／ですが

　「**しかし**」は、反対の関係を表す「逆説の接続詞」の代表格です。【それまで述べた内容を受けて、それと相反する内容を伝えるときや、それまで述べた内容から予想される結果に反する内容を伝える】ときに使います。

◎ 弊社の社員数はわずか5名です。**しかし**、社員20名の会社にも負けないくらい結果を出しています。

◎ 昨日、風邪を引きました。**しかし**、一晩寝たら治りました。

　「**しかし**」には、【書き手自身が重要だと感じている内容（しかしの後の文）を強調したい】ときや（以下①）、【それまで述べた内容を受けつつ、話題を転じる】ときに使います（以下②）。【**それはそれとして／それはともかく**】の意味です。

---

① 佐藤さんの行動はたしかに立派です。**しかし**、なぜ彼は火中の栗を拾うような真似をしたのでしょうか？

② 会社を辞めたのは英断でしたね。**しかし**、これからどうするつもり？

　また、「**しかし**」には、冒頭で感情を込めてくり出す用途もあります（以下③）。【**それにしても／なんとまあ**】の意味です。

③ **しかし**、よくこんなアイデアを考えついたものだ。

　なお、「しかし」よりも改まった表現には「**しかしながら**」があります。使用頻度の高い言葉ではありませんが、改まっている分だけ逆説の効果は強まります。

◎ 商品発売時には初めて記者発表会を行いました。**しかしながら**、思ったほどのプロモーション効果は得られませんでした。

　「しかし」よりも硬めの表現には「**だが**」があります。新聞記事や論文などでの使用頻度が高く、ビジネス文章で使われる機会はそう多くありません。「です・ます調」よりも「だ・である調」の文体が似合う表現です。

◎ ワインは洋食に合う。**だが**、日本食には合わない。
◎ 1000名前後の来場者を見込んでいた。**だが**、蓋を開けてみると700名にも届かなかった。

　少しやわらかい表現には「**ですが**」もあります。

◎ このプロジェクトを成功させるには、少しずつレンガを積みあげていく必要があります。**ですが**、急ぐことはありません。

第４章　逆接する

▶ No.22　転機をドラマチックに演出する

ところが

「**ところが**」は、【それなのに】の意味で、【それまで述べた内容から予想・期待される結末とは異なる内容について、驚きや意外性をもって伝えたい】ときに使います。**書き手のなかに【予想や期待に反している】という気持ちが強いときや、(良くも悪くも)転機を強調したいときに重宝します。**

◎ 構想３年。メンバー全員で磨いてきた企画でした。**ところが**、突然、上層部から「企画中止」の命令が下ったのです。

◎ 準備も万全ですべてがうまくいくはずでした。**ところが**、ビジネスはそう甘いものではありませんでした。サービスリリースから３ヶ月で集めた会員は、目標の１／10にも届きませんでした。

◎ そのレストランの評判は決して良くはありませんでした。**ところが**、実際に行ってみて驚きました。スタッフのホスピタリティは抜群で、熟練シェフによる味も本場さながらでした。

　上記の「ところが」は、すべて「しかし」に置き換えることができます。しかし、「しかし」を使うと、転機の『劇的さ』が弱まります。「しかし」が単に機能としての逆説であるのに対し、「ところが」は劇的さを演出する逆説です。ストーリーテリングを用いた文章を書きたい人は、使えるようにしておきましょう。

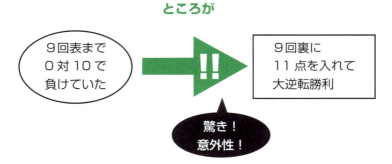

第4章 逆接する

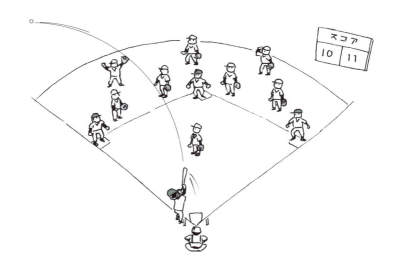

▶ No.23 先行内容を認めつつも、制限を加える
とはいえ／だからといって／
とはいうものの

「**とはいえ**」は、【それまでに述べた内容について、それを認めつつも、それにやや制限を加えたい】ときに使います。「**だからといって**」や「**とはいうものの**」も同様の意味で使われます。

△ 彼は有能だ。**しかし**、欠点がないわけではない。（←先行内容を認めるというニュアンスを出したいなら、先行内容にやや制限を加える形の「とはいえ」のほうがベター）

◎ 土屋さんの誠実なお人柄には敬意を表しています。**とはいえ**、誠実さだけで渡り歩けるほどこの世界は甘くはありません。

◎ 来場者のアンケートでは「大満足」と「おおむね満足」で9割を超えていました。**だからといって**、問題点がまったくなかったかといえば、そんなことはありません。

◎ 有効求人倍率が上がっています。**とはいうものの**、景気が上向いている実感はありません。

「しかし」や「でも」に置き換えできるものもありますが、その場合、【先行の内容を認める】というニュアンスは薄れます。

【「とはいえ／だからといって／とはいうものの」の類語】
とはいっても／だとしても／かといって／そうはいっても／
そうはいうものの／といいながら／といいつつも

▶ No.**24** 意見や感情を示す主観性の強い逆説

けれども

「**けれども**」は、【それまでに述べた内容と相反する内容を示したい】ときに使われます。多くの場合、後続文章では、先行内容に対する「書き手の意見や感情」が示されます。その点において、「**しかし**」よりも、**主観性が強めの逆説表現です。**話し言葉寄りの表現につき、形式的な文章や、客観性が求められる実務的な文章には適しません。

△ 昨日、工場で事故があった。**けれども**、すでに復旧している。
（←先行内容同様、後続内容も客観的な事実の説明。ゆえに、「けれども」より「しかし」のほうがなじむ）

◎ 彼は驚くほど不器用です。**けれども**、意欲だけは他のどの役者よりもありました。

◎ 決して褒められたスピードではありません。**けれども**、大きなミスもなく、着実に作業をこなしてくれています。

◎ たしかにリーズナブルです。**けれども**、品質はどうだろうか。

◎ 最善は尽くします。**けれども**、結果が出るかどうかはわかりません。

なお、「けれども」の略語である「**けれど**」「**けども**」「**けど**」などは、話し言葉で使われることが多い表現です。モノローグ（独白）的な文章や会話文での使用は OK ですが、かしこまったビジネス文章での使用は控えましょう。

第4章　逆接する

61

▶ No.25　予測とは裏腹な結果へと行きつく
それでも／でも／（それ）にもかかわらず

　「**それでも**」は、【そうであっても】の意味で、【それまで述べた内容の延長線上で予測される結果にならなかった】ケースで使います。**先行内容がポジティブな場合、後続にはネガティブな内容が入り、先行内容がネガティブな場合、後続にはポジティブな内容が入ります。**砕けた話し言葉調の表現をしたいときは「**でも**」を使えばいいでしょう。

---

① 喫煙によって肺がんの発症リスクが高まることは周知の事実です。**それでも**、喫煙を止められない人は大勢います。

② 全力は尽くした。**でも**、ノルマは達成できなかった。

---

　①と②は、いずれも「変化を期待 → 期待が裏切られる」という流れです。接続詞に「しかし」を選ぶと、「変化を期待 → 期待が裏切られる」という感情的なニュアンスが弱まります。

　「**それでも**」をより強調したいときは、【一層】の意味をもつ「なお」を組み合わせた「**それでもなお**」を使いましょう。【依然として従来のままである様子】が伝わりやすくなります。

　ほかにも「**それなのに**」「**それでいて**」「**そのわりに**」なども「それでも」の類語です。あまり上品な言葉ではありませんが、「**そのくせ**」という類語もあります。

　さらに、以下③のように【それまで述べた内容の延長線上で当

然予測される結果に……反する形で自分の意思や決意を伝えたい】ときにも「**それでも**」は使えます。

> ③ 失敗する確率は9割以上です。**それでも**、私たちは挑戦します。

　なお、以下④のように、後述を**疑問形にして読む人（相手）に『問い』を投げることもできます**。読む人（相手）の覚悟や本気さを問うときや、あるいは皮肉を伝えたいときなどに有効です。

> ④ データ上は失敗する確率が9割以上です。**それでも**、あなたはチャレンジするつもりですか？

　「それでも」の類語「**（それ）にもかかわらず**」は、【**先行内容の延長線上で当然予測される結果にならなかった**】**ことへの驚きや批判、不服などの感情を示すときに使います。**また、【果たしてそれでいいの？】という異議申し立てのニュアンスを含むこともあります。そのときは、しばしば「○○**にもかかわらず**」の形で使われます。

> ◎ 決して満足のいく出来栄えではありませんでした。**それにもかかわらず**、そのショーは好評を博しました。
> ◎ 長きに渡り、先進国がさまざまな援助を行ってきた。**にもかかわらず**、多くの発展途上国が、未だに貧困の問題を抱えている。
> ◎ いわれた**にもかかわらず**、彼は頑なに態度を変えませんでした。

第4章　逆接する

▶ No.26　予測外な結果を強調して伝える

それにしては

「**それにしては**」は、【そうであるわりには】の意味で、【それまで述べた内容から当然予想される結果にならなかったことを伝えたい】ときに使います。前ページの「それでも」よりも、**先行内容と後続内容の関係性が強い分、『予想を覆す』ニュアンスも強めです。**

◎ イベントまで残り３日。**それにしては**準備が進んでいない。

「イベントまで残り３日」から予測される結果は「準備が進んでいる」です。しかし実際には、その予測を覆す事態が起きました（＝準備が進んでいない）。このような意外なケースに適している接続詞が「それにしては」なのです。

◎ 全社を挙げて「残業時間の削減」に取り組んできましたが、**それにしては**顕著な改善が見られません。

◎ 英会話を習い始めて３ヶ月とのこと。**それにしては**、流暢に英語を話していると思いませんか？

先行文章につなげる「○○**にしては**〜」の形もあります。

◎ 弱冷房**にしては**寒かったです。

64

第5章

対比する

▶ No.27 強めに対比関係を打ち出す

○○に対して

「○○に対して」は、【前述と後述の内容を対比させて物事を伝えたい】ときに使います。対比関係を明確に示すことで文章が論理的になりやすくなります。硬めの文章では「**これに対して**」がなじむケースが少なくありません。一方、やわらかめの文章では「**それに対して**」という表現がなじむケースもあります。

◎ 営業部の総意はＡ案です。**これに対して**、販売部はＢ案を推しています。

× 日本では多くの産業がガラパゴス化しています。**それに対して**、諸外国では、多くの産業でグローバル化戦略がとられています。（←評論調の硬めの文章なので「これに対して」のほうがなじむ）

◎ 兄はコーヒー好きだ。**それに対して**、妹は紅茶好きだ。

簡潔かつテンポ良く「**対して**」でつなぐ書き方もあります。

◎ フィンランド人の幸福度は高い。**対して**、日本人は低い。

名詞に組み合わせる「○○に対して」の表現もよく使います。

◎ 初心者向けの商品Ａに**対して**、商品Ｂは完全にプロユースだ。

66

▶ No.28 対比関係を示す定番接続詞

一方（で）／他方（で）

「**一方（で）**」は、【もうひとつの側では】の意味で、前述（A）と後述（B）を対比させたいときに使います。段落と段落など、長い文章同士を接続するときにも重宝します。割と短い文章同士をつなぐときは、語尾に「で」をつけるケースが多いです。

> ◎「自己分析」とは、過去の経験から自分の強みや弱みを整理したり、適性を探ったりすることです。**一方**、「業界研究」とは、その業界の景気動向や成長性、将来性などを分析することです。

「○○に対して」（前ページ）**を使うほど強くない（ゆるい）対比のケース**でも「一方」が使えます。

> ◎ エリアAでは新しいお店が続々とオープンしている。**一方で**、エリアBでも少しずつお店がオープンし始めている。

「一方」よりもさらに対比関係が弱いケースで使うのが「**他方**」です。【ほかの方面から見ると】という意味で、話を展開する「さて」（141ページ参照）にも似たニュアンスを含んでいます。

> ◎ 先日、総務部主導で副業規定の改定が行われました。**他方で**、そんな総務部に対して「性急」との声があがっています。

第5章 対比する

67

▶ No.29
本来の方向がある→逆に
本来の方向がない→反対に

逆に／反対に

　「**逆に**」と「**反対に**」は、似た意味の言葉ですが、厳密には違いがあります。「**逆に**」は、**【本来の（正しい）順序や方向に逆らっている状態】**を指す表現です（逆風、逆走など）。一方の「**反対に**」は、**【ふたつのものが対立している状態（正しい方向や順序はとくにない）】**を指す表現です（反対案、反対車線など）。

◎ この手の商品は、広告で広めていくのがセオリーです。**逆に、**広告を使わずにどこまで広まるのか見てみたい気がします。

× 毎年３月は猛烈に忙しい。**反対に、**暇だったら怖いです。

◎ 毎年３月は猛烈に忙しい。**逆に、**暇だったら怖いです。

× 毎年３月は猛烈に忙しい。**逆に、**４月は驚くほど暇です。

◎ 毎年３月は猛烈に忙しい。**反対に、**４月は驚くほど暇です。

◎ そばやうどんのつゆは、関東では濃い味が好まれています。**反対に、**関西では薄味が好まれています。

　なお、本来の意味とは異なる形で「逆に」を使う人が増えています。逆の関係性になっていないケースでの使用は控えましょう。

× 前回は焼き肉でしたので、逆に、今回はお寿司でいかがでしょう？（←「お寿司」は「焼き肉」の逆ではありません）

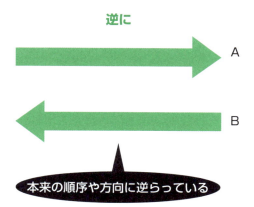

▶ No.30 （その）反面／（その）半面

裏表は「反面」。二面性は「半面」

「反面」は、【物事の反対の面】を示す言葉で、プラスとマイナス、善と悪、コインの裏表を表現するようなケースで使います。一方の「半面」は【物事の片方の面】の意味で、ひとつの事柄の要素が半分ずつあるようなケースに使います。しかし、「半面」にも【片一方の面】の意味があるなど、厳密に区別できないケースも多々あります（使い分けが難しいため「その半面」で統一しているメディアもあります）。どちらが適しているか、その都度自分なりに判断を下すしかなさそうです。

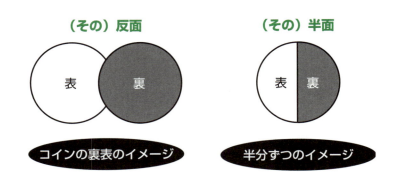

- ◎ 進学できるのは嬉しい。（その）反面、今の友達と離れてしまうのは寂しい。
- ◎ 学生時代はお金がなくてつらかった。（その）半面、夢を追う楽しさもあった。

▶ No.31 「A」とは対照的な「B」を表現する
○○にひきかえ／
○○とひきかえに

　「○○**にひきかえ**」は、【○○とは違って（比べて）】の意味で、**【それまでに述べた内容と対照的な（大きく異なる）内容を示す】ときに使います。**とくに「良いもの⇔悪いもの」を比べるときに役立ちます。「**それにひきかえ**」の形でもよく使います。

◎ 好調なＡ社に**ひきかえ**、わが社は不調だ。

× 新人が次々と成果を出しています。それにひきかえ、私はリーダーらしさに欠けています。（←先行内容と後続内容が対照的とはいい難い。「それにひきかえ」を使うなら、「私はなかなか成果が出ません」のような後続内容が適切）

　「○○にひきかえ」の関連語に「○○**とひきかえに**」があります。「○○とひきかえに」は、前述と後述が**【何かを得て何かを失う「トレードオフの関係」にある】**ケースに使います。ちなみに「○○にひきかえ」と「○○とひきかえに」を置き換えることはできません。両者のニュアンスの差をよく確かめておきましょう。

◎ 塚原社長は 20 年以上続けてきた事業をあっさり手放し、それ**とひきかえに**、穏やかな生活を手に入れたのです。

◎ 値引きに応じたこと**とひきかえに**、Ｂ社が要求してきたのは契約期間の延長でした。

第5章 対比する

71

▶ No.**32**　認めながらも、全面賛同はしない

だからといって

　「**だからといって**」は、【そうではあるが】の意味で、【**それまで述べた内容を一応認めたうえで、全面的に賛成しているわけではない旨を示す**】ときに使います。「**かといって**」を使っても構いません。

◎　○○は極めて優良なシステムです。**だからといって**、全幅の信頼を寄せているわけではありません。

◎　日本は世界有数の経済大国です。**だからといって**、将来が保証されているわけではありません。

◎　たしかに目立った結果は残せていません。**かといって**、チーム解体の決断を下すのは拙速ではないでしょうか。

　「だからといって」には、語と語や句と句を結ぶ使い方もあります。多くの場合「○○だからといって△△とは限らない／わけではない」の形で使われます。【○○という言葉から推測・期待できる事柄や状態に、あえて釘を刺したいとき】にも重宝します。

◎　新しい商品**だからといって**便利とは限りません。

◎　専門家**だからといって**何でも知っているわけではありません。

第5章　対比する

73

第6章

結論を導く

▶ No.33 因果関係を明確にして結果を示す！
その結果／結果として／結果的に

「**その結果**」は、【それまでに述べた内容（原因、理由、根拠など）を受けて、『どういう結果に行き着いたか』を伝えたい】ときに役立ちます。前後の因果関係が明確になるため、**書いてある内容の説得力がアップします。**

◎ 私は独自の営業理論を確立しました。**その結果**、半年後には、営業マン450人中トップの成績を収めることができたのです。

「独自の営業理論を導き出した → トップの成績を収めた」という因果関係が明確です。結果へと移る直前に「その結果」とタメを作ることで、後続内容（結果）への注目度が高まります。

「その結果」以外にも、「**結果として**」や「**結果的に**」という表現もよく使います。文脈に応じて適切な言葉を選びましょう。

なお、簡潔さやテンポの良さを重視するときは「**結果**」と簡略化して書くケースもあります（ややクールな印象です）。

◎ 本音を語ることは、相手に心を開くことです。**結果として**、速いスピードで相手と信頼関係を築くことができます。

◎ **結果的に**、双方にとって最高の形になりました。

◎ **結果**、失敗に終わりました。

▶ No.**34** あまり好ましくない結果になった

結局／結局のところ

　「**結局**」は【紆余曲折を経て、最後に落ち着いた結果】という意味の言葉です。【挙げ句の果て】に近いニュアンスで、**【あまり好ましくない結果に至った】というケースで使われることも少なくありません。**「**結局のところ**」という表現でもよく使われます。

◎ **結局**、こちらの言い分は通りませんでした。

◎ **結局**、当初見込んでいたほどの人は集まりませんでした。

◎ いろいろ努力はしてみましたが、**結局**ダメでした。

◎ **結局のところ**、例の問題は解決したのでしょうか？

◎ **結局のところ**、三村さんは必要とされているのでしょう。

　「結局」を使った文章は、その背景として、その結果に行き着くまでに『いろいろなことがあった』『いろいろなことをやった（考えた／思った）』というドラマが隠されています。

　逆にいえば、そのような背景がないにもかかわらず「結局」を使うと、読む人に誤解させてしまう恐れがあります。十分に注意しましょう。

△ 明日までに修正することになりました。（←修正するという判断が下るまでに紆余曲折あったようなら、なおかつ、その紆余曲折を文面で表現したいのであれば、冒頭に「結局、明日までに〜」とするほうが的確）

第6章　結論を導く

▶ No.**35** 先行内容をまとめる形で結果を示す！

このように／こうして

「**このように**」は、【このとおり／こういうふうに】の意味で、【それまでに述べた内容（経緯や方法、手段）を前提にしつつ、そこから導かれる結論を伝えたい】ときに使います。**論理的な文章を書く人が好んで使う言葉**のひとつです。

◎ 一度来店してくれた方は第1フェーズ。2回以上来店してくれた方は第2フェーズ。5回以上来店してくれた方は第三フェーズです。**このように**、お店に来てくれたお客様の回数に応じてセールスの内容を変えていくのがセオリーです。

◎ 橋本さんは、普段から情報や気づきをメモしているそうです。また、優秀な経営者やビジネスパーソンにもメモを習慣化してい人が少なくありません。**このように**、「メモを取る」という行為には、仕事をするうえで重要な役割があると考えられています。

「このように」の類語の「**こうして**」は、**ストーリー調の文章の終盤に使われる**ことが少なくありません。古めかしい言葉に置き換えるなら「**かくして**」です。

◎ お客が来なくなった結果、お店が減り、お店が減った結果、お客がさらに減る。**こうして**、地方の駅前商店街は次々とシャッター街化していくのです。

▶ No.36　理由（わけ）を明確にして結果へ進む！

というわけで

「**というわけで**」は、【そういう事情で】というニュアンスをもつ言葉で、【それまでに述べた内容を理由・要因・原因・前提として、書き手の見解や分析結果、行動などを示す】ときに使います。**主観性の強いカジュアルな表現で、話し言葉にもよく使われます。**読む人が後続内容に集中しやすくなるよう、あえて「というわけで」を使い、一拍挟むケースもあります。

◎ 先月、新商品○○が発売されました。**というわけで**、早速、表参道にあるショップに行ってきました。

◎ **というわけで**、ご入場いただけません。あしからず。

◎ ほとんど料理をしない私でもミスなく作ることができました。**というわけで**、こちらの写真が「とろける炙りチャーシュー＆チーズ入り餃子」です。

なお、後続の文章で、相手への指示や提案を示すケースも多々あります。

◎ **というわけで**、お手数ですが、修正のうえ、明日までに再提出をお願いいたします。

◎ **というわけで**、明日の15時までには必ず搬入を済ませておいてください。

第6章　結論を導く

▶ No.**37** 丸ごと受け止めたうえで結論へ導く
以上のことから／このことから／以上のとおり／上記のとおり

「**以上**」は【それまで述べたこと】を指す言葉で、「**以上のことから**」と書くと、**【それまで述べたことを理由に～】という意味**になります。続きには、前述の内容を踏まえて導き出した結論を書きます。ビジネスシーンでは、報告やリポートをする文章でよく使われます。

A社が実施したアンケートによると「長生きすることは、いいことだと思いますか？」という質問に対して70%以上の人が「いいことだと思わない」と答えています。

その大きな理由として「肉体の衰え」「病気のリスク」「生活費（収入）の不安」の３つが挙がりました。一方で、現時点でそうしたリスクへの対応策を講じている人は20%もいませんでした。

以上のことから、「人生100年時代」の課題が見えてきました。求められるのは、老後のリスクと不安を減らす具体的な対応策です。国の政策をあてにするだけでなく、一人ひとりが主体的に正しい情報にアクセスする努力も必要です。

「以上のことから」と書かれていることで、読む人は「いよいよ、ここから結論に入るのだな」と心の準備を整えます。その結果、内容の理解度が高まります。

「以上のことから」は、場面に応じて「**以上の理由から**」「**以**

上の点から」「**以上の条件から**」など、「以上の○○から」の形で置き換えることができます。

「以上のことから」よりもソフトな印象を与えたいときは「**この（これらの）ことから**」を使うときもあります。

> ◎ **このことから**、個人の収入が1000万円を超えたときは、法人化も視野に入れましょう。

「以上のことから」に似た表現に「**以上のとおり**」があります。「以上のことから」が、それまで述べた内容を踏まえて、何かしらの結論を導き出すのに対し、**「以上のとおり」は、それまで述べた内容を「まとめる」という役割を担っています。**

> ◎ **以上のとおり**、4便中2便は関空発着となります。

「以上のとおり」に似た言葉に「**上記のとおり**」もあります。「上記」とは【上に書いてあるもの】という意味。話し言葉でも使う「以上」に対し、**「上記」は話し言葉では使いません。** なお、縦書きのときは「右記」を使います。

> ◎ **上記のとおり**、3月中の契約を目指しております。
> ◎ **上記のとおり**、会員登録された方々には、それぞれアカウントが割り当てられます。

▶ No.38 とにかく決着をつける！

いずれにせよ／いずれにしても

　「**いずれにせよ**」や「**いずれにしても**」には、【どちらを選ぶにしても】の意味や（以下①）、【事情がどうであろうとも】の意味があります（以下②）。丁寧な表現には「いずれにしましても」があります。なお、①の用途の類語には「どちらにせよ／どちらにしても」があります。

---

① 本を読むでもいいし、人と話をするでもいい。**いずれにせよ、**他人の思考に触れる体験を積むこと。それが脳の養分となる。

① 和食にすべきか中華にすべきか。**どちらにしても、**今日中には予約を入れます。

---

② ご指摘いただいた件は、鋭意調査中です。**いずれにしても、**今週中には、担当の小林から結果のご報告を差し上げます。

　「**いずれにせよ**」は、【催促】（以下③）や【謝罪】（以下④）をするときにも使います。

---

③ **いずれにせよ、**早急にご対応いただけると助かります。

---

④ **いずれにしましても、**こちらのミスであることには変わりありません。大変申し訳ございませんでした。

► No.39 ほかのことはどうあっても、まずはコレ！

何はともあれ／何にしても／何にせよ／
何はさておき／ともかく

　「**何はともあれ**」は、【ほかのことはどうであろうと／それは
それとして／とにかく】の意味で、【**それまで述べた内容がどん
なものであれ（あまりよくない事柄であっても）、それよりも大
切な（重要な）事柄を示したい**】ときに使います。少し砕けた表
現には「**何にしても**」「**何にせよ**」があります。

> ◎ 売上げ 250 万円であれば、**何はともあれ**成功の部類です。
>
> ◎ **何にしても**、会場だけは今日中に決めてしまおう。
>
> ◎ **何にせよ**、祝杯を上げましょう。

　「何はともあれ」の類語には「**何はさておき**」があります。【ほ
かのことは放っておいても】の意味で、【**ほかのことをあと回し
にして、真っ先にしなければいけないことがある**】ときに使いま
す。【**急を要する**】というニュアンスが含まれています。

> ◎ **何はさておき**、先方にお詫びの連絡を入れてください。
>
> ◎ **何はさておき**、いったん頭を冷やす時間を作ろう。

　ほかにも「**ともかく**」や「**とにかく**」という類語もあります。

> ◎ **ともかく**報告だけはしっかりしておこう。

第6章　結論を導く

▶ No.40 「つまり」より さらに「詰まった」ケースで

つまるところ／とどのつまり

「**つまるところ**」は【物事が最後まで進んだことで見えた事柄】や、【いろいろと考えた挙げ句、たどり着いた見解】について述べるときに使う言葉です。「つまり」（34 ページ）よりも、かしこまった表現で、"詰まり具合"も高めです。

◎ **つまるところ**、この地盤沈下は人災なのです。

◎ **つまるところ**、このふたつの異なるサービスを一緒にしてしまいましょう、という提案です。

「つまるところ」と似た意味の言葉に「とどのつまり」があります。「**とどのつまり（は／が）**」は、【結局のところ／物事の果て】という意味で、とくに【思わしくない結果】に終わった事柄について表現するときに用います。「とどのつまり、昇進しました」のように、好ましい結果になったケースには使いません。

× **とどのつまり**、イベントは大成功に終わった。

◎ **とどのつまり**、障壁になっているのはコンプライアンスです。

◎ **とどのつまり**、A社は長期的なメリットではなく、短期的なメリットを重視した、ということなのでしょう。

◎ **とどのつまり**、「そこまでの予算をかけてやることではない」という結論を出さざるを得ませんでした。

つまるところ

とどのつまり

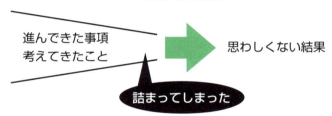

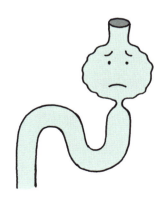

第7章

添加する

▶ No.41 「おまけにもうひとつ」とたたみかける

さらに（は）

　接続詞的用法の「**さらに（は）**」は、【それに加えて】の意味で、【それまで述べた情報や出来事以外に、（同一テーマ内の）新たな情報や特別出来事を加えたい】ときに使う言葉です。『**ついでにもうひとつ**』のようなニュアンスを含んだ表現で、たたみかけるような語感も演出できます。

> ◎ 紙面の記述に誤りがあった。**さらに**、誤字脱字も見つけた。
>
> △ お金と人脈、**また**、健康も手に入ります。（←並列的なニュアンスになるため、「健康」の特別感が出ない。読む人に「健康まで手に入るのか！」と感じてもらいたいなら「さらには」で特別感を出したい）

　「さらに」を使って情報を加えるときには、以下①のように「【前述】基本情報→【後述】追加情報」の形を心がけましょう（逆にするとチグハグな印象を受けます）。時系列の情報であれば、②のように「古い→新しい」の順番で情報を重ねましょう。

> ① 来場者全員にTシャツをプレゼントします。**さらに**、5,000円以上お買い上げの方のなかから、抽選で豪華景品が当たります。
>
> ② 指宿を訪れました。**さらに**翌日は池田湖まで足を伸ばしました。

▶ No.42　意外性や書き手の心的態度を重ねて強調する

しかも／おまけに

　「**しかも**」は、【それに加えて】の意味で、【それまでに述べた内容に、さらに内容を加えて、全体の文章を大きく強調したい】ときに使います。**ダメ押し的なニュアンスを含む言葉です。**少しカジュアルな類語には「**おまけに**」があります。

◎ 品質が良くてリーズナブル。**しかも**、耐久性も抜群です。

◎ 彼はしばしばミスを犯します。**おまけに**、そのミスが致命的なものばかりなのです。

　「しかも」と似た意味の接続詞に「そのうえ」があります（次ページ参照）。「しかも」が、**意外性や書き手の心的態度を表す**表現であるのに対して、「そのうえ」は、客観的な事実の追加という傾向が強めの表現です。両者の違いをよく見極めましょう。

　また、以下のように「後述が前述を具体化する」形の文章は、「しかも」だけに見られる特徴です。これらの「しかも」は「そのうえ」に置き換えることができません。

◎ 都内の、**しかも** 23 区以外のエリアを狙っています。

◎ 新商品を発売します。**しかも**日・中・韓同時リリースです。

第7章　添加する

▶ No.43　客観情報を重ねて強調する

そのうえ／○○のうえ

「**そのうえ**」は、【さらに／それに加えて】の意味で、【それまで述べた内容の上に、さらに情報を重ねて、全体的に強調したい】ときに使います。意外性や書き手の心的態度を表す「しかも」（前ページ）と異なり、**客観的な事実などを語るときに使われる**ケースがほとんどです。

× 日本全体の景気が停滞していた。**しかも**、台風や地震といった自然災害にも襲われた。（←とくに意外性や書き手の心的態度を表したいわけではなさそう。客観的な事実を語る目的であれば「そのうえ」のほうが適切）

◎ 昨夜はご馳走になり、**そのうえ**お土産までいただきました。

◎ 彼は日本の商慣習にあまりにも無頓着だった。**そのうえ**少なからずコミュニケーション・ギャップがあった。

実務的な連絡事項などでは「○○**のうえ**」を使うことも少なくありません。「○○のうえ」は語と語や句と句をつなぎます。

◎ 署名捺印**のうえ**、弊社までご返信願います。

◎ 注文番号に間違いがないかご確認**のうえ**、商品をお受け取りください。

さらに

| 前述 | → | 後述 |

同一テーマにおける情報や出来事の追加

しかも

| 後述 |
| 前述 |

意外性や書き手の心的態度を重ねる

そのうえ

| 後述 |
| 前述 |

客観的な事実を重ねる

第7章 添加する

▶ No.44 先行内容と後続内容の価値は対等である

それに

「**それに**」は、【そのうえ／それに加えて】に近い意味の言葉で、【それまで述べてきた事柄や状況について、もうひとつ別の事柄や状況をつけ加えたい】ときに使われます。先行内容と後続内容が対等な関係で、「しかも」や「そのうえ」ほど添加を強調していない点が特徴です。

---

① 私と鈴木さん、**そのうえ**小林さんも参加表明した。

② 私と鈴木さん、**それに**小林さんも参加表明した。

---

①と②はどちらもあり得る文章ですが、ニュアンスに差があります。「そのうえ」を使った①は、小林さんが参加表明する確率が低いなかで起きた出来事です（よって、添加を強調）。一方、「それに」を使った②は、参加表明する確率が3人とも等しいなかで起きた出来事です（よって、添加を強調していません）。

「それに」には、異なる複数の事柄を対等の価値として示していく際に、並立的な役割を担うこともあります。

◎ 朝食はごはんと味噌汁、**それに**、焼き魚でした。

◎ 当工場では、魚介類、穀物、野菜、肉類、果物、**それに**、乳製品の加工を行っています。

▶ No.45 先行内容を『取るに足りないもの』にする

それどころか／○○どころか／かえって

「**それどころか**」は、【そんなことで済むどころか】の意味で、**【それまで述べた内容に比べてはるかに「重大な（意外な）」内容をつけ加える】ときに使います。**その落差は大きく、後続内容が先行内容を『取るに足りないもの』として打ち消します。

> ◎ Ａ社は決して業績不振ではありません。**それどころか**、かなり順調に業績を伸ばしています。
>
> ◎ 彼は決してズボラな人間ではない。**それどころか**、用意周到で緻密な戦略家だ。

なお、「○○どころか、△△です」のように、語と語、句と句をつなぐ形で「○○**どころが**」が使われることもあります。

> ◎ 問題解決する**どころか**、火に油を注いでしまいました。

「それどころか」に似た意味に「**かえって**」があります。**【常識的に予想しうる方向とは反対に進む】ときに使います。**

> ◎ 失敗談を語るのは恥ずかしいことではない。**かえって**、その人らしさが伝わって喜ばれるケースが多い。

▶ No.46 すでに相当の程度だが、そのうえさらに！
そればかりか／そればかりでなく／
○○ばかりか／○○ばかりでなく／のみならず

「**そればかりか**」は、【そのことだけでなく／すでに相当の程度であるが、そのうえさらに】の意味で、**それまで述べた内容に情報をつけ足して、全体的に強調したいときに使います**（前ページの「それどころか」のように、後述が前述を『食ってしまう』こともありません）。なお、「**そればかりでなく**」も同様の意味で使われます。

◎ 津田さんが、包装と梱包を手伝ってくれました。**そればかりか**、その荷物を郵便局まで運び届けてくれました。

◎ ダンボールを開封したら、商品が破損していました。**そればかりか**、注文していない商品まで入っていました。

◎ 小泉と菅野はどちらも優秀なエンジニアだ。**そればかりでなく**、ふたりともリーダーとしての能力にも長けている。

語と語、もしくは句と句を結んでテンポのいい文章にしたいときは、「**○○ばかりか**」や「**○○ばかりでなく**」が使えます。

◎ 女性**ばかりか**男性までもがネイルサロンに通う時代です。

◎ その商品は、美しい**ばかりでなく**、機能性も兼ね備えています。

また、「そればかりか」の類語には「**のみならず**」があります。

「そればかりか」よりも書き言葉寄りの表現です。

> ◎ 彼は経営者として結果を残し続けています。**のみならず**、小説家としても活躍しています。
> ◎ 島田さんは、私にとってかけがえのないビジネスパートナーだ。**のみならず**、親友でもある。

「のみならず」にも、語と語、もしくは句と句をつなぐ用法があります。【〜だけでなく】の意味です。

> ◎ これはインターネット上**のみならず**現実の世界でも頻繁に起きている問題です。
> ◎ Ａ社は、商品力**のみならず**販売力も兼ね備えています。

第7章 添加する

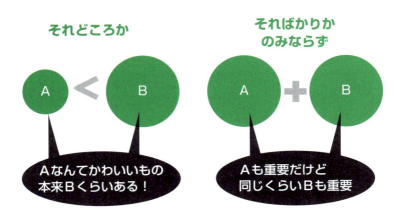

▶ No.47　硬めの文章になじむ添加

（それに）加えて／ほかにも

　「（それに）加えて」は、【また／そのほかに／さらに】の意味で、【それまで述べた事柄と同等の、しかし別の要素をつけ足したい】ときに使います。「それに」（92ページ）に置き換え可能なケースも少なくありません。ただし、「それに」はやや砕けた表現です。硬めの文章では「加えて」を使いましょう。

> ◎ Ａ社には優秀な人材がいる。**加えて**、莫大な知的財産もある。
>
> ◎ 相手がイメージしやすい言葉を使うことが大切です。**加えて**、具体例も豊富に盛り込むようにしましょう。

　「〜加えて」の形で、語と語や句と句をつなぐこともできます。短い文章でテンポ良く読ませたいときなどに重宝します。

> ◎ 彼は優秀だ。発想力に**加えて**営業力もある。

　「加えて」の類語には「**ほかにも**」があります。どんな文体やシチュエーションにもなじむ汎用性の高い表現です。

> ◎ 今月の経費精算と商品発送の業務が残っています。**ほかにも**、来月行うイベントの案内文も書かなければいけません。

▶ No.48 A（前述）がさらに発展して B（後述）になる

ひいては

　「**ひいては**」は、【それが原因となって／さらに進んで／ある ことだけにとどまらず】の意味で、【それまで述べた内容が元に なって、後続内容へと影響が及ぶ様子を伝えたい】ときに使いま す。文中で使われるケースがほとんどです。

　「Ａ**ひいては**Ｂ」と書いた場合、「Ａの影響によってＢがもた らされる」「Ａがさらに進んでＢになる」という具合に、先行内 容と後続内容の因果関係が明確になります。通常、Ａよりも大き な（重要な）事柄がＢに入ります。

> ◎ そのサービスは日本、**ひいては**世界中の高齢者の役に立つこ とでしょう。
>
> ◎ 慢性的な睡眠不足は集中力を損ないます。**ひいては、**うつ病 のリスクも高めかねません。

　ちなみに、「強いて」という言葉と混同してか、「ひいては」を 「しいては」と書く人がいますが、これは間違いです。「強いて」 は【困難や反対を押しきって、物事を行うこと】という意味で、 「強いていうなら」の形などでよく使います（123 ページ）。語感 が似ていますが、つられないよう注意しましょう。

第7章　添加する

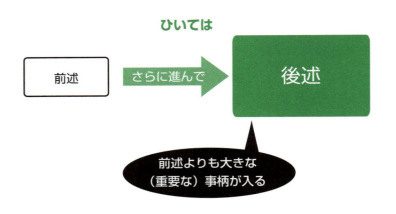

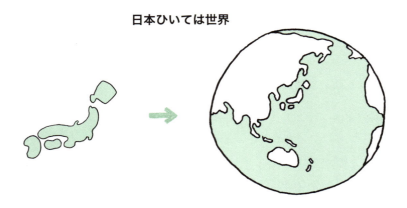

▶ No.**49** 時系列で次の場面に移るときの合図

それから

　「**それから**」は、【その次に／続いて／そのあと】の意味で、時系列に沿って文章を書く際、【**それまで述べた事柄・出来事から次の事柄・出来事へと移りたい**】ときに使います。

◎ 配達先リストを確認し、**それから**、梱包を行いました。

◎ 新しいスタッフは研修を受けて基本を身につけてもらいます。**それから**、現場に配属して、おのおのの適正を見ます。

　「それから」には、【それに加えて】の意味もあります。【**直前に述べた事柄に追加する**】ときに使います。

◎ クリアファイルとボールペン、**それから**朱肉を購入しました。

　なお、「それから」と「そして」（次ページ）との違いは、以下のとおりです。「それから」は、**時系列の順序を強調する**言葉で、『その後』というニュアンスを多分に含んでいます。

○ 昨日は６時に起きました。**そして**、23 時に寝ました。

× 昨日は６時に起きました。**それから**、23 時に寝ました。

○ 昨日は６時に起きました。**それから**、朝食を食べました。

第7章　添加する

▶ No.**50**　使い方注意のカメレオン接続詞？

そして

　「そして」は、【それまでに述べた物事に続いて、あるいは、その結果として起きる物事へ展開したい】ときに使います。時系列の文章にも頻繁に使われますが、前ページで紹介した「それから」ほど明確に順序を強調しません。

---

① 彼は必死に勉強しました。資格試験に合格しました。

② 彼は必死に勉強しました。**そして**、資格試験に合格しました。

③ 彼は３年間、斎藤社長のもとで経営の「いろは」を学びました。ついに独立を果たしたのです。

④ 彼は３年間、斎藤社長のもとで経営の「いろは」を学びました。**そして**、ついに独立を果たしたのです。

　「そして」を使わずに文章作成した①や③は、ぶつ切れ感が否めません。読んでいて不自然な印象を受けます。一方、「そして」を用いた②や④は、時系列と帰着の様子を把握しやすい文章です。

　また、「そして」は、【前述の事柄に続いて、さらにもうひとつ事柄をつけ加える】ときにも使います。多くの場合、後続内容の事柄が少しだけ強調されます。

◎ 彼女は美人でスタイルがいい。**そして**、服の流行にも敏感だ。

◎ 海は広く、**そして**、美しい。

◎ 会議に出席するのは私と佐々木、**そして**辻課長の３名です。

なお、「そして」には、どんな文章にもなじんでしまうカメレオン的な性質があります。

◎ 山本と木下には、月曜日の昼までに報告書を提出するよう伝えた。山本は期日までに提出した。（　　　）、木下は提出しなかった。

空欄に入る適切な言葉は「しかし」や「ところが」「一方」などでしょう。しかし、「そして」を使っても**『なんとなく』伝わります**。これがカメレオンたるゆえんです。なじむからといって『なんとなく』で使っていると、接続詞を選ぶ感覚が鈍りかねません。

× 会員に限り、午前と午後のいずれか３時間、会議室を自由にお使いいただけます。**そして**、事前に申請いただければ、午前と午後を連続でお使いいただくこともできます。

これも『なんとなく』の「そして」です。この場合、「なお」に置き換えるか、削ったほうがすっきりします。「そして」を使ったときは、文脈上、正しく機能しているか、よく見極めましょう。

第７章　添加する

▶ No.**51** Aでもそうなら、Bは当然そう！

まして（や）

「**まして**」は、【なおさら／いわんや】の意味で、【AとB、ふたつの事例を持ち出して、Aのほうでさえ○○なのだから、Bはいうまでもなく○○です】と伝えたいときに使います。

　先行文章でAを書き、後続文章でBを書きます。【いうまでもなく】のニュアンスをより強調したいときは「や」をつけて、「**ましてや**」と書いても構いません。

> ◎ 赤字続きのため、オフィスの賃料を支払うだけで精一杯です。**まして**自社ビルを購入するなど夢のまた夢です。

　『会社の苦しい台所事情』について語った文章です。接続詞に「まして」を使うことで、「賃料を払う【厳しい】」／自社ビル購入【もっと厳しい】」という実状を浮かび上がらせています。

> × 平地を歩くだけでも息があがります。**さらに、**山登りなど考えられません。（←「さらに」を使うと、「『平地歩き＋山登り』はムリ」というニュアンスになる。「平地歩き」を引き合いに「山登りなど絶対にムリ」というニュアンスを伝えるなら「まして」が適切）
>
> ◎ 自分のノルマさえ達成できていません。**ましてや**部下の指導など、とても手が回りません。

第8章

補足する

▶ No.52 参考にしてもらいたい補足情報を示す

ちなみに／余談ですが

　「**ちなみに**」は、【それまで述べた内容について、読む人に知ってもらいたい、参考にしてもらいたい情報をつけ加えたい】ときに使います。

> ◎ 今月の売上げは前年同月の1.8倍です。**ちなみに**、そのうち50％がロングセラー商品AとBの売上げです。
>
> ◎ 弊社サービス○○へのお申込みをご検討いただければ幸いです。**ちなみに**、これまで300名以上の経営者にお申し込みいただいております。

　「**ちなみに**」は、【読む人に「参考にしたい情報」をたずねる】ときにも使います。ビジネスシーンでは、メールでやり取りする際に使う機会が多いです。

> ◎ **ちなみに**、当日は佐々木様もいらっしゃいますか？

　なお、後続内容が本筋からずれる『余談』に該当するときは「**余談ですが**」を使ってもいいでしょう。

> ◎ 今回はA社にお願いすることになりました。**余談ですが**、A社はZプロジェクトの成功で一躍有名になった企業です。

▶ No.53 それまでの話に少し書き添える

なお

「**なお**」は、【ある話を述べたあとで、その話に関する別のことを書き添えたい】ときに使います。

> ◎ 以上がサービス概要となります。**なお**、申込み方法は、後日メールでお知らせいたします。

「申込み方法は〜」は、先行内容（サービス概要）に書き添える形のものですので、その接続詞に「なお」を用いるのは適切です。**「なお」と一旦区切りをつけることで、読む人は続きの【追加情報】を受け入れる準備を整えます。** 文面で情報をやり取りすることが多いビジネスシーンでは思いのほか出番が多い接続詞です。

> ◎ 書類の提出はすべて PDF 形式でお願いいたします。**なお**、締め切りは 10 月 3 日（水）の正午です。
> ◎ お時間は約 1 時間を予定しております。**なお**、当日は弊社の佐々木がご案内差し上げます。

「なお」は、あくまでも【書き添える】という意味の言葉につき、「なお、○○の進捗はいかがでしょうか？」のように、相手に質問をする形では用いません。この場合は、「ちなみに」「ところで」「話は変わりますが〜」などを使えばいいでしょう。

▶ No.54　例外的な規定を設ける

ただし／ただ

　「**ただし**」は、【それまで述べた内容に関連する例外的な規定（条件、制限など）を伝えたい】ときに使います。文字どおり『但し書き』です。**先行文章に原則を書き、後続文章で例外を示すイメージです。**以下①と②の「ただし」を「なお」に置き換えてしまうと、「例外的な規定」というニュアンスが弱まってしまいます。

---

① 会員は参加費 1000 円です。**ただし**、会員証の提示が必要です。

② 明日から３日間、全品 30％オフです。**ただし**、お買い上げは、お一人様３商品までとさせていただきます。

　「ただし」と同じ役割の言葉に「**ただ**」があります。「ただし」が形式的で硬めの説明に向いている反面、「ただ」は、主観を強調したい文章に向いています（話し言葉寄りの表現です）。以下の①と②は、内容は同じながら、それぞれの接続詞がもつニュアンスに合わせて前後の言葉選びも変化させています。

---

① 来週のイベントは予定どおり**開催します**。**ただし**、台風や豪雨の際には中止**となる場合もあります**。【硬め・形式的】

② 来週のイベントは予定どおり**行います**。**ただ**、台風や豪雨の際には中止になる**こともあります**。【やわらかめ・主観的】

▶ No.**55** 条件などの『漏れ情報』を伝える

もっとも

「**もっとも**」は、【とはいうものの／なるほどそうだが】の意味で、【それまで述べた内容に関して、読む人に知ってもらいたい『漏れ情報』がある】ときに使います。『漏れ情報』は、その都度、条件、例外、制限、理由、事実などさまざま。ときには、相反する内容を補足することもあります。

> ◎ 17 日の正午から専用ページ上で販売を開始予定です。**もっとも**、会員と登録してからでないと、ご購入いただけませんが。
>
> ◎ 昨今は会議をオンラインで行う機会も増えています。**もっとも**、その場合、Wi-Fi 環境が整っていなければいけませんが。

「もっとも」を使うことによって、それまで平面的だった話の内容が立体的になり、読む人が納得しやすくなります。

たとえば、以下の文章が一文目だけで終わっていたら、『少し強引な意見』と感じられるでしょう。しかし、「もっとも」を使って二文目を書き添えることで（例外的な見解を示すことで）、強引さが消えて、読む人が受け入れやすい意見に変化しました。

> ◎ 日本人は漬け物をよく食べます。**もっとも**、近年では「あまり好きではない」という人も増えてきているようですが。

▶ No.**56** 物事の「原点」や「核心」に迫る

そもそも

　「そもそも」は、【話の原点に戻るときや、物事の発端や起こりについて説明したいとき、問題の原因をふり返りたい】ときなどに使います。それまでの文脈からは少し離れたとしても、「そもそも」以降の文章で的確な論を展開することによって、物事の本質や核心に迫るケースも少なくありません。

> ◎ サービスそのものに目新しさがなく、顧客の満足度も決して高くはありません。**そもそも**、高い費用対効果が望めないなか、この事業を継続していく必要があるのでしょうか。
> ◎ **そもそも**、高齢者向けの健康グッズ市場が、この先も活況を呈し続けるとは限りません。
> ◎「AI」をテーマにした書籍が売れているといいます。それはそうと、**そもそも** AI の定義とはどういうものなのでしょうか?

　「そもそも」は、接続詞としての役割だけでなく【物事の発端／元来／はじめ】などの意味で副詞的に使うケースもあります。

> ◎ **そもそも**は弊社が開発したオリジナル品です。
> ◎「**そもそもの原因**」に触れないマスコミに嫌気が差した。

▶ No.**57**　AとBを引き換える
かわりに／そのかわり／そのぶん／かわりといってはなんですが

「**かわりに**」や「**そのかわり**」は、【それと引き換えに】の意味で、【それまで述べた事柄の代わりとなる事柄を伝えたい】ときに使います（以下①）。また、「**そのかわり**」には相殺の用途もあり、【（プラスとマイナスを照らし合わせる形で）先行内容に相当する程度の事柄を示す】ときにも使います（以下②）。この用途では「**そのぶん**」に置き換えることもできます。

---

① 幕張でのイベントをサポートいただけますか？　**そのかわり**、ニューヨークへは私が行きます。

② あのベンチャー企業に入れば、昼夜を問わず、働くことになるでしょう。（**そのかわり／そのぶん**）、企画から開発、営業まで、ありとあらゆる経験を積むことができるはずです。

「**かわりといってはなんですが**」というフレーズは、【相手が求めているものを用意できなかった際、別のものを提案したい】ときに使います。ビジネスシーンでは、交渉するときの文面や、お詫びの文面などで活用機会があります。

◎ 残念ながら、その日はパーティに参加することがかないません。**かわりといってはなんですが**、当日はお花と参加人数分のお菓子を贈らせていただきます。

第8章　補足する

109

▶ No.58 打ち明け話をする

実は／実をいうと／実のところ

「**実は**」は、【本当のところは／打ち明けていうと】の意味で、【それまでの内容について、意外な事実を補足したい】ときに使います。**「実は」の文字を見た瞬間に、読む人の意識が後続文章に集中します。**改まって「**実をいうと**」と切り出すと、『これから打ち明け話をするという』雰囲気が一層高まります。

> ◎ 本日のお打ち合わせを延期させていただきたくご連絡差し上げました。**実は**朝から熱があり、起き上がれずにおります。
>
> ◎ 昨日のお客様トラブルの件です。**実をいうと**、以前に私も似たようなクレームを受けて、対応に追われたことがあります。

　ビジネスシーンであれば、打ち明け話をするとき、あるいは、相談事やお願い事を切り出すときなどにも使えます。

> ◎ **実は**プロジェクトの件でいくつかご相談がございます。

　改まった場面では、少し硬めの表現の「**実のところ**」が適しているケースもあります。

> ◎ **実のところ**、先方から確約をもらっているわけではありません。

▶ No.**59** 理由や根拠を示すときの定番フレーズ

なぜなら

「**なぜなら**」は、【それまで述べた内容の理由（根拠・原因）を説明する】ときに使います。**読む人は「なぜなら」を目にした瞬間に、理由や原因を受け入れる心の準備を整えます。**

> ◎ 1時間に一度は必ず窓を開けて、オフィスの空気を入れ替えています。**なぜなら**、二酸化炭素の濃度が高くなり、眠気を催しやすくなるからです。仕事の効率と生産性が下がっては本末転倒です。

ちなみに、「なぜなら」というフレーズは、必ず「〜（だ）から」で受ける呼応表現です（第16章参照）。

> × **なぜなら**、雪の影響で交通機関が乱れる恐れがあります。
> ○ **なぜなら**、雪の影響で交通機関が乱れる恐れがあるからです。

少し硬めにしたいときは「**なぜならば**」を使えばOK。また、話し口調が許される場面なら、「**なぜかといえば（いうと）**」や「**どうしてかというと**」を使ってもいいでしょう。

ほかにも「**その理由（原因）は**」「**理由（原因）としては**」「**理由（原因）を申し上げると**」のように、「理由や原因」という言葉をストレートに使う方法もあります。前後の文脈との『なじみ具合』に注意を払いながら、最適な言葉を選択しましょう。

第8章 補足する

111

▶ No.**60** 隠れた事情を示すフレーズ

というのも

　接続詞的用法の「**というのも**」は、【そうなったわけは】の意味で、【原因や理由を説明する】ときに使います。単なる説明ではなく、**【それまで述べた事柄について、その背景にある『隠れた事情』を明らかにする】**というニュアンスを含んでいます。

◎ 編集長から大目玉を食いました。**というのも**、私が肝心な取材を怠ったからです。

◎ 今回は回答を保留しました。**というのも**、判断を下すだけのデータが揃っていなかったからです。

　ビジネスシーンで丁寧さを求めるときは、「**といいますのも**」と言い換えてもいいでしょう。さらに敬意を高めたいときは、「いう」の謙譲語「申す」を用いて、「**と申しますのも**」と表現することもできます。

　なお、「というのも」の後には、必ず理由や原因を説明する文章がきます。したがって、「というのも」で書き始めた文章は「〜からだ（です）」で締めるようにしましょう。

× 本日の会議は延期します。**というのも**、販売部が昨日のトラブルの対応に追われています。（←「追われています」では尻切れとんぼ。理由を説明する文章につき、「追われているからです」とするのが適切）

▶ No.61 特筆すべき情報を示すときに

なにしろ／なにせ

「**なにしろ**」は、【とにかく／なんにしても】の意味で、【いろいろな事情があるにしても、このことはとくに強く伝えたい】というときに使います。

◎ 結果について考えるよりも、**なにしろ**一度チャレンジしてみることが大切です

◎ 若い人たちの語彙力が低下しています。**なにしろ**、月に１冊も本を読まない人がほとんどですので。

ただし、内容と書き方次第では「○○という事情だから仕方がないんです」という具合に、**言い訳じみたニュアンスが強調されるケースもあります。**その点は注意しましょう（以下一例）。

◎ 今日のイベントでは、まったく売れませんでした。**なにしろ**スタッフが私ひとりしかいなかったものですから。

「**なにせ**」は、「なにしろ」よりも砕けた表現です。かしこまったビジネス文章では使用を控えましょう。

◎ 島田先生のセミナーに参加しない手はありません。**なにせ**、通常１万円はするセミナーが無料で受けられるのですから。

第9章

選択を促す

▶ No.62　ふたつ以上のなかから選ぶ

または

　「**または**」は、【複数の事柄のうち、どれかひとつを選ぶ】ときや、【どちらでもよいという許容を表す】ときに使います。類語の「あるいは」（118ページ）よりも選択肢の違いが強調される表現で、文と文だけでなく、句と句、語と語も接続します。

◎ お手持ちのスマホ**または**パソコンでご視聴いただけます。

◎ ジャケット**または**襟つきのシャツをご着用ください。

◎ 贈答品は、メロンや桃、ぶどうなどの果物、**または**、紅茶やコーヒー、ジュースなどの飲料水がいいでしょう。

　「または」は、「OR（〜か）」の意味です。上記の例でいえば、それぞれ「スマホ OR パソコン」「ジャケット OR 襟つきシャツ」「果物 OR 飲料水」という構図です。ふたつの物や物事のうちどちらか一方を選ぶときに（選ばせるときに）、読者にわかりやすく、その対比関係を示すことができます。

　なお、選択候補が3つの場合は、最後の選択肢の直前に「または」を配置します。

◎ ストレートやロックが苦手な方は、水割りかお湯割り、**または**炭酸割りがおすすめです。

▶ No.63 「必ず選べ」という気持ちが強い

もしくは

「**もしくは**」は、【ふたつの並列的な事柄のうち、どちらでも選択できる】という意味で、その事柄が「重要だと感じる場合」や「読む人に重要だと感じてもらいたい場合」に使います。

前ページの「または」と似た意味ですが、**「もしくは」のほうが【ふたつのうちどちらかを必ず選択しなければならない】というニュアンスをが強め**です。

> ◎ 明日（8日）までに電話**もしくは**メールでお知らせください。
> ◎ 入場に際しては、身分確認のため、学生証**もしくは**運転免許証をご提示願います。

なお、法律や規則関連の文章では「または」と「もしくは」が混在することが多々あります。

> ◎ 副業が発覚した場合、減給**もしくは**降格、**または解雇**となります。

この場合、意味としては「（減給 OR 降格）OR 解雇」です。つまり、解雇となるか、あるいは、解雇されない場合は、減給処分と降格処分のどちらかになる、という意味です。このように、選択項目の関係性が入り組んでいるときは、「または＝大グループの接続」、「もしくは＝小グループの接続」と考えて使いましょう。

▶ No.64 「または」よりも、並べる物事の類似性が高い

あるいは

　接続詞的用法の「**あるいは**」には、【『そのうちのどちらか』というニュアンスで選択肢を並べたい】ときに使います。

　「または」と比べると、Ａ（先行内容）とＢ（後続内容）の属性や文章形式（表現など）が似ている傾向が強めです。また、**「または」ほどＡとＢが対立的ではありません**（排他性が強くありません）。

◎ 生産量は３万個、**あるいは**、４万個を予定しています。

◎ 受けるべきか、**あるいは**、断るべきか、判断に迷っています。

× チームが、**または**私自身が取り組むべき問題です。（←「または」を使うとＡとＢが対立的な印象に。「あるいは」であれば、「チームも取り組むし、私自身も取り組む」という解釈も可能）

　「あるいは」には副詞的な用法もあります。そのひとつが【一方では】の意味で、同類の事柄を列挙する際に「あるいはＡ、あるいはＢ」の形で使います（以下①）。

　また、同じく副詞的な用法には【ひょっとしたら／もしかしたら】という意味もあります（以下②）。

---

① **あるいは**褒め、**あるいは**叱咤する。そんな日々が続きました。

② 会議は正午終了の予定ですが、**あるいは**15分ほど延びるかもしれません。

▶ No.**65** 数量や位置の限界や範囲を示す

ないし（は）

「**ないし（は）**」は、【先行内容（A）から後続内容（B）まで】の意味で、【数量などを示す際、A、Bの二者だけでなく、AとBの中間の範囲も含めたい】ケースに使われます。「１ないし３」と書けば、英語でいうところの「through 1 to 3」です（両者の中間にある２も含みます）。この用法は「または／もしくは／あるいは」などには見られません。AとBには数量や位置の限界・範囲を示す言葉が入ります。名詞と名詞をつなぐケースが少なくありません。

> ◎ このプランを実現するためには、３年**ないし**５年かかる。
>
> ◎ このままいけば、前年同月と比べて、100万円**ないし**150万円は売上げ向上が見込めます。
>
> ◎ 明後日は、南**ないし**南西の風が吹く予定です。

「ないし（は）」には、【または／もしくは】の使い方もあります。仮に「AないしはB」と書いたとしたら、AとBのどちらか一方を選択する、という意味です。この用途でも、AとBには共通の属性をもつ名詞がくることが多いです。

> ◎ 専務**ないしは**営業部長の承認をもらう必要があります。
>
> ◎ 店を出すなら、港区**ないしは**渋谷区が理想です。

第9章 選択を促す

119

▶ No.66 疑問文で使う『どっち?』の表現

それとも

「**それとも**」は、【そうではなくて】の意味で、【**疑問形のスタイルで、ふたつ以上の選択肢を並べたい**】ときに使います。やや話し口調寄りの言葉です。書き手が何かを推測したり、提案したり、質問したりするときに適しています。その多くが、直前の文章の最後に「〜か」を伴います。

> ◎ お部屋は和室にしますか、**それとも**洋室にしますか?
>
> ◎ このまま計画を進めるか、**それとも**いったん白紙に戻すか。
>
> ◎ ご希望のテイストはシック?　**それとも**エレガント?

「予約方法は、小林さん、それとも、二宮さんが知っています」のように、肯定文に使うことはできません。「それとも」を使うのであれば、「予約方法を知っているのは、小林さんですか? それとも二宮さんですか?」のような形にする必要があります。

選択肢を3つ以上並べる場合は、以下のように「それとも」を最後の選択肢の直前に使うのがセオリーです。

> ◎ あのとき決めた価格は1600円だったか、1800円だったか、**それとも**2000円だったか。すっかり失念してしまいました。

▶ No.**67** 同じ意味の言葉を重ねて MAX 強調！

はたまた

「**はたまた**」を漢字で書くと「将又」です。「将」と「又」には、それぞれ【あるいはまた／もしくは】という意味があります。つまり、同じ意味の言葉を重ねることで強調しています。**並列関係にある事柄を３連続以上で列挙する際には、最後の事柄の直前に使うことで、強調の効果が得やすくなります。**

◎ A案を採用するか、B案を採用するか、**はたまた**両方か。

① 開催するか、中止するか、**あるいは**延期するか。判断に迷う。
② 開催するか、中止するか、**はたまた**延期するか。判断に迷う。

接続詞に「**あるいは**」を使った①は、「開催と中止と延期」を同列に扱っている印象です。一方、「はたまた」を使った②は、「開催と中止」という選択肢のほかに、さらに「延期」という選択肢もあることを強調しています。

◎ この先10年の間に、AIの技術が、世の中の働き方の常識を変えることは間違いないでしょう。たとえば製造業の世界で、あるいはITの世界で、**はたまた**医療や介護の現場で、革命的な変化をもたらすでしょう。

▶ No.68　AよりもBがベター

むしろ／いっそ（のこと）

　「**むしろ**」は、【どちらかといえば】の意味で、【ふたつの物事（AとB）を比べて、A（先行内容）よりもB（後続内容）を選ぶ】、あるいは【『B（後続内容）のほうがよりよい』という考えを示す】ときに使います。

◎ 内容を変更するくらいなら、**むしろ**中止にしたほうがいい。

◎ 物静かで優しい上司より、**むしろ**口うるさいくらいのほうが、私には合っているかもしれません。

◎ 子どもの「作文嫌い」は子ども自身に原因があるのだろうか。**むしろ**、多くの場合、その責任は教師の側にあるような気がする。

◎ 彼の行動は無鉄砲だと批判を浴びています。しかし、失敗を恐れずにチャレンジしたことは、**むしろ**立派ではないでしょうか。

　「むしろ」の類語には「**いっそ／いっそのこと**」があります。【中途半端な状態で手を打たず、思いきってある選択をする気持ちを表わす】ときに使います。

◎ 1日に30分程度しかとれないのであれば、（**いっそ／いっそのことそ**）絵なんて描かないほうがマシだ。

122

▶ No.69　あえていうなら。あえて選ぶなら。
強いていうなら／強いていえば／どちらかといえば

　「**強いていうなら**」は、【**無理にいうなら**】の意味で、【ＡとＢがあった場合、どちらか一方を選ぶことが難しいとき】や、【必ずしも適当な表現とはいえないが、あえて表現しておいたほうがいい】というシチュエーションに使います。「**強いていえば**」の形でもよく使われます。

◎ Ａ社とＢ社のサービスにほとんど違いはありません。**強いていうなら**、Ａ社のほうが保証とアフターサービスが充実しています。

◎ 人間には外向型と内向型の２種類がいます。**強いていうなら**、杉本さんは、内向型ではないでしょうか。

◎ 和食はなんでも好きですが、**強いていえば**、お寿司がナンバーワンです。

　類語には「**どちらかといえば**」があります。きっぱり選ぶことができない事柄について、【**あえて選んだ一方を示す**】ときや、【人からあえて選択を求められた】ときに使います。

◎ **どちらかといえば**、彼は楽天家ではないでしょうか。

◎ **どちらかといえば**、Ａ社ではなくＢ社に分がある気がします。

第9章　選択を促す

123

第10章

並列・列挙する

▶ No.70　イメージは「and also」

また

　「**また**」は、【それまで述べてきた話と同じ流れのなかで、ほかにも述べることがある】ときに使います。たとえば、ひとつの段落が終わったあと、新しい段落の冒頭に「また」の接続詞を見つけた場合、読む人は「（これまでと同じ流れのなかで）新しい情報が加わるのだな」と理解します。「and（〜と）」というよりは「and also（そしてまた）」のイメージです。

---

① 睡眠には疲労回復効果がある。免疫力も高めてくれる。

② 睡眠には疲労回復効果がある。**また**、免疫力も高めてくれる。

　「また」を使わなかった①は、スペースに限りがある新聞コラムのような書き方です。テンポを優先する場合は、このように、接続詞を省いた書き方をしても OK です。

　一方、「また」を使った②は、読む人に【加えてもうひとつ】というニュアンスが伝わり、先行内容と後続内容が並列関係にあることが浮かび上がる書き方です。

　①と②のどちらがいい悪いではありません。**後続内容にも注意を向けてもらいたいとき、あるいは、先行内容と後続内容の並列関係を明確にしたいときは、「また」の使用を検討しましょう。**

　次ページの例文はメールの文面です。「また」を省略しても意味は通じますが、その場合、やや素っ気ない印象が残ります。

一方、**接続詞に「また」を使うと、相手に対する感謝のニュアンスが少し強まります。**つまり、「また」には、意味上の『つなぎ』という役割を超えて、読む人の意識を後続内容に集める効果があるのです。

◎ 企画書の草案をお送りいただき、ありがとうございます。
のちほど拝読いたします。
また、予算面でのアドバイスもありがとうございます。

　「また」は、使いやすい反面、多用しすぎるとくどく感じられるほか、幼稚な印象も与えかねません。「また」を２連続で使った以下の【原文】がその一例です。一方の【修正文】では、「また」の連続使用を避けるため、ふたつ目の「また」を「さらに」に変えました。その結果、くどさと幼稚さが改善されました。

【原文】この SNS を使えば、会員同士でチャットをすることができます。**また**、SNS 内でグループを立ち上げることもできます。**また**、イベントを立ち上げることもできます。
【修正文】この SNS を使えば、会員同士でチャットをすることができます。**また**、SNS 内でグループを立ち上げることもできます。**さらに**、イベントを立ち上げることもできます。

　なお、「また」は「**あと**」や「**それと**」に置き換えることもできます。しかし、いずれも話し言葉です（場当たり的なニュアンスもあります）。ビジネス文章では避けたほうがいいでしょう。

▶ No.**71** 意味は「and」

および

　「また」が文と文、あるいは句と句をつなぐのに対し、「**および**」は、おもに語と語をつなぎます。英語でいうところ「and」（と）の役割で、【ＡもＢも（すべて）】という意味。「ＡおよびＢ」と書いた場合は、「ＡとＢの両方」という意味です。

◎ 契約に際しては、実印**および**身分証明書が必要です

◎ 企画部**および**制作部のスタッフにご協力いただきます。

◎ イベントの運営**および**進行はＡ社に決まりました。

　これらの「および」は、助詞「と」に置き換えることもできます。ただし、「と」の場合、名詞と名詞を機械的につなぐ印象です。**「および」を使うことで、「改まった感じ」を演出できるほか、【先行内容と後続内容のどちらも重要です】というニュアンスが醸し出されます。**

◎ 東京、大阪、**および**名古屋の三大都市で開催いたします。

　複数の「物事・事柄」をつなぐときには、最後にくる名詞の直前に「および」を使います。列挙した複数の「物事・事柄」をひとつの大きな情報として括りたいケースに有効です。

▶ No.72　それぞれ独立したものを並べる

ならびに

　「**ならびに**」は、前ページの「および」と同様に、名詞と名詞をつなげる役割をもち、【物事や事柄を並べて伝えたいとき】に使います。**先行内容と後続内容が同種類・同レベルであるときに使う「および」に対して、「ならびに」は、違う種類・違うレベルのものに使います。**「ならびに」を使うことで、先行と後続の内容を、（一見同じくくりに見えるものの）それぞれ独立したものとして表現することができます。

> ◎ 弊社はお客様**ならびに**地域の皆さまのお役に立てるよう、日々の業務に邁進しています。
>
> ◎ このプロジェクトを支えてくれたスタッフ**ならびに**スポンサー各社に心よりお礼申し上げます。

　ちなみに、ＡとＢが同一グループで、ＣとＤが同一グループの場合、「ＡおよびＢ、ならびにＣおよびＤ」や「ＡおよびＢ、ならびにＣ」のように、同一グループ内のつなぎには「および」を使い、グループ同士のつなぎには「ならびに」を使います。

> ◎ Ａ班のリーダー**および**副リーダー、**ならびに**Ｂ班のリーダーは必ず参加してください。

第10章　並列・列挙する

129

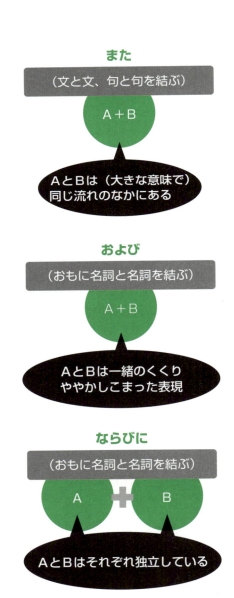

▶ No.73 前後をテンポ良くつなぎ、併存・並立を示す

かつ

　「**かつ**」は、【〜と／そのうえ】のニュアンスを含むやや硬めの言葉です。【**ふたつのことが、同時に行われる（存在する）ことを表す**】ときや（副詞的用法）、【**ひとつのことに他のことを加える**】ときに使います（接続詞的用法）。文よりも小さい単位である句と句をテンポ良くつなげるケースがほとんどです。

---

① 彼らは、学び、**かつ**、楽しみました。

　副詞的用法の「かつ」は、「〜と」の意味です。①の文章であれば、「学んだ（前述）」と「楽しんだ（後述）」が同時に行われたことを示しています（前述と後述の内容の重要性は同等です）。

---

② 彼らは、よく学び、**かつ**、その学びを成果へと結びつけました。

---

　②の「かつ」（接続詞的用法）は、「そのうえ」（90ージ）で置き換えることができます。つまり、【「学んだ」そのうえ「成果へと結びつけた」】という意味。これは【ひとつの事柄に、ほかの事柄を加える】使い方です。こちらのケースも、前述と後述の内容の重要性は同等です。

◎ 迅速**かつ**丁寧な対応を取るよう、スタッフに指示します。

第10章　並列・列挙する

ビジネスシーンでよく見かける表現です。これは対応が【「迅速であること」と「丁寧であること」】を示しています（どちらも重要）。仮にこの「かつ」を「そしてまた」にしてしまうと、テンポの良さと表現の硬さが削がれてしまいます。

> ◎ 応募の条件は、経理の経験が3年以上あり、**かつ**、9時〜17時のフルタイムで勤務できること。

こうした求人情報や募集要項でも「かつ」はよく使われます。この場合は【「経理の経験が3年以上あること」と「9時〜17時のフルタイムで勤務できること」】の両方が求められており、どちらか片方だけでは条件を満たさない、という意味です。

【コラム】

「なおかつ」は、接続詞の「なお」と「かつ」を組み合わせた言葉です。「勤務時間が短く、なおかつ賃金が高い」のように【ひとつの事柄に、ほかの事柄を加える】ときに使います。意味は「かつ」と同様ですが、強調の度合は「かつ」よりも高めです。

また、「なおかつ」には、「相当なテコ入れをして、なおかつ改善しないという体たらくです」のように、【それでも／やはりまだ】の意味もあります。通常、「かつ」と「なおかつ」は置き換え可能ですが、「かつ」には【それでも／やはりまだ】の意味がないため、このケースで「なおかつ」を「かつ」に置き換えることはできません。

▶ No.74 同様の物事や説明を列挙する

同じく／同様に

「同じく」は、【すぐ直前に述べた内容と同様の内容を列挙する】ときに使います。「同じく」の文字を目にした読者は、「もうひとつ似たような物事（説明）があるんだな」と予測することができます（その結果、理解しやすくなります）。少し硬い表現を望むときは「同じく」を「同様に」に置き換えましょう。

> ◎ 中国では無人バスの試験運行が本格的にスタートしました。（同じく／同様に）、無人のコンビニも数店舗オープンしました。
>
> ◎ 出展社数は 655 社と過去最高を記録。（同じく／同様に）、来場者数も 6 万 5000 人と、こちらも過去最高を記録しました。

もちろん、「出展社数は 655 社、来場者数も 6 万 5000 人と、どちらも過去最高を記録しました」のように簡潔に書く方法もあります。しかし、その場合、出展社数と参加者数が『それぞれ過去最高を記録した点』が際立ちません。それぞれを際立たせるためには、「同じく」や「同様に」を使った文章が理想的です。

なお、「○○と（同じく／同様に）」のように、「同じく」には、語と語や句と句を結ぶ使い方もあります。

> ◎ 高橋さんと（同じく／同様に）、私もベジタリアンです。

第10章　並列・列挙する

▶ No.75 一緒に！
併せて／（それと）ともに／
（それと）同時に／それに伴って

　「併せる」には、【異なるものを一緒にする（mix）】の意味があります。接続詞的に使う「**併せて**」は、【**それまで述べた事柄と一緒にする事柄を書きたい**】ときに使う言葉です。公文書などでは「あわせて」とひらがなで書くケースも少なくありません。

◎ 先月、横浜に本社を移転しました。**併せて**、教育事業を本格化させました。

△ 先月、横浜に本社を移転しました。また、教育事業を本格化させました。（←「また」を使うと【一緒にする】というニュアンスが抜け落ちる）

◎ **併せて**、プランＡもご検討ください。

　「**（それと）ともに**」は、【**あることが起きている際、別のことも同時に起きている様子を伝える**】ときに使います。

◎ この数年で社員数が急増した。**それとともに**、社員のマネージメントが難しくなった。

◎ ドラムが明確なリズムを刻む。**それとともに**、ダンサーが軽快にステップを踏む。この瞬間がたまらなく快感だ。

「（それと）同時に」は、【同じ瞬間に、ふたつの事柄が共存する状況を示す】ときに使います。

◎ 玄関のベルが鳴った。同時に、スマホの着信音も鳴った。
◎ 10km を超えたあたりから呼吸がきつくなるのを感じた。それと同時に、ふくらはぎにも痛みが出始めた。

「それに伴って」は、【ある物事に付随して別の物事が起こる様子を表す】ときに使います。

◎ スマホが普及した。それに伴って、私たちの生活も変化した。
◎ 温暖化が進んでいる。それに伴って、世界中で異常気象が頻発している。

ここまで紹介した 4 つの接続詞は、それぞれ先行する文章に直接接続することもできます。テンポよく文章を読ませたいときにおすすめです。

◎ 本社の移転に併せて、教育事業を本格化させました。
◎ 社員数の増加とともに、社員のマネージメントが難しくなった。
◎ 玄関のベルが鳴ると同時に、スマホの着信音も鳴った。
◎ 温暖化に伴って、世界中で異常気象が頻発している。

▶ No.76 列挙フレーズ①

第一に〜 第二に〜 第三に〜

いくつかの同列情報を並べて書くときに重宝するのが「**第一に〜 第二に〜 第三に〜**」や「**一つめに〜 二つめに〜 三つめに〜**」のように、番号を用いてわかりやすく列挙する接続詞です。

---

① スタッフには報連相を怠らないように伝えると同時に、いつも身ぎれいにしておくよう忠告もしています。ビジネスパーソンとして身につけておくべき基本といえば、健康管理を徹底することも大事だと考えています。

---

② スタッフによく伝えていることがあります。**第一に**、報連相を怠らないこと。**第二に**、いつでも身ぎれいにしておくこと。**第三に**、健康管理を徹底すること。この３点が、ビジネスパーソンが身につけておくべき基本と考えています。

---

①は、とくに情報を整理せず『なんとなく』で書いた文章です。かろうじて意味は理解できるものの、お世辞にも読みやすいとはいえません。何をいいたいのか、理解にも手間取ります。

一方、「第一に〜 第二に〜 第三に〜」を使って情報を整理した②の文章であれば、**読む人に強いる負担も少なく、理解度も高まります。**「スタッフによく伝えていることが３つあります」のように、冒頭で列挙するテーマとその数を示すことができれば、さらにわかりやすい文章になるでしょう。

▶ No.**77** 列挙フレーズ②
最初に～(はじめに～) 続いて～(ついで～) 最後に～(その後～)

「**最初に～(はじめに～) 続いて(ついで～) 最後に(その後～)**」と流れる展開も、複数の情報を列挙するときに重宝します。こちらの列挙フレーズは、**時系列で(順番どおりに)説明したいケースに最適です。**

---

① エントランスから入る際には、ID カードが必要となります。また、顔認証とパスワードによる認証も行います。認証されるとドアのロックが解除されます。

---

② エントランスから入る際の認証方法は以下のとおりです。**はじめに**専用カードリーダーに ID カードを刺します。**続いて**6 桁の暗証番号を入力します。**最後に**顔認証システムのカメラに顔を向けます。認証されるとドアのロックが解除されます。

---

①は読む人に対して不親切な文章です。なぜなら、３つの認証方法について書かれているものの、認証の順番には触れていないからです(認証手続きに手間取る人も出てくるでしょう)。

一方、「はじめに～続いて～最後に」を使って、時系列順に認証の流れを説明した②は、読む人にとって親切な文章です。一つひとつの認証方法も的確に解説しています。なお、「はじめに」は「**最初に**」に、「続いて」は「**ついで**」に置き換えてもいいでしょう。

第10章 並列・列挙する

▶ No.78 列挙フレーズ③
まず〜　次に〜
さらに（そして）〜

　「**まず〜　次に〜　さらに（そして）〜**」は、**時系列で書く必要があるときにも、そうでないときにも使える万能な列挙フレーズ**です。

---

① この画像システムを活用する際の手順は以下のとおりです。**まず**システムにログインします。**次に**写真をアップロードします。この際、画像サイズは 1800×1000 ピクセルで統一しておきます。**そして**、アップロードした写真をデザイン上に貼りつけます。

---

② 本を読むことで得られるメリットは多々あります。**まず**語彙力や表現力が鍛えられます。**次に**知識や見識を深めることができます。**さらに**集中力も鍛えられます。読書を習慣化することができれば、その人の人生は間違いなく変化します。

---

　①の文章は、時系列系の文章ですので、システム活用の手順を入れ替えることはできません。より文章の論理性を強めたいときは、前ページで紹介した「最初に〜続いて〜最後に〜」に置き換えてもいいでしょう。

　一方、読書のメリットを紹介した②は時系列系の文章ではありません。そのため、「語彙力＆表現力」「知識＆見識」「集中力」という３つのメリットは順番を入れ替えても OK です。

138

第11章

転換する

▶ No.**79**　「いよいよ本題に入ります！」の合図

では／それでは

　「**では**」は、【**前提となる話に区切りをつけて、本題に入ると き**】に使います（以下①〜③）。また、「では、始めます」「では、 終わります」のように、【**物事を始めたり終えたりしたい**】とき にも使われます（以下④）。「**それでは**」も「では」とほとんど同 じ用途です。「**じゃあ**」は、砕けた話し言葉で使います。ビジネ ス文章での使用は控えましょう。

---

① **では、**この点について掘り下げていきましょう。

② **では、**なぜこのような問題が起きたのでしょうか？

③ **それでは、**この問題の解決策について考えていきましょう。

④ **では、**今日のフィードバックはここまでにします。

　「では」には、【**それなら**】のニュアンスで、【**相手の話や出方 を受けつつ（その条件・状態を踏まえる形で）、新たな話題を切 り出す**】用途もあります。メールをはじめとするコミュニケーショ ン系の文章で使用頻度が高めです。

◎ **では、**そのスケジュールでお願いします。

◎ **では、**いただいたアイデアをもとに話を進めましょう。

140

▶ No.80 本題に移るときの合図

さて

「さて」は、【それまで述べてきた話題を切り上げ、別な話題（おもに本題）にへ移る】ときに使います。

> 【メールの文面】
> 先般は身に余るお気遣いをいただき、ありがとうございました。お陰様で、その後、体調も順調に回復しております。**さて**、以前ご依頼いただいていたプロジェクトＡの件でご連絡差し上げました。

お礼を終えてから本題である「プロジェクトＡ」の話題に移りました。もしも「さて」を使わず、いきなり本題に入ってしまったら、読む人に唐突な印象を与えてしまうはずです。

「さて」には、【それまで述べた内容を受けて、あとに続ける】ときに使う用途（以下①）や、【それまで述べた内容に反するような事実を伝える】ときに使う用途（以下②）もあります。①は「それから」、②は「ところが」に近いニュアンスです。

> ① 服に着替え、**さて**出かけようというときに、その連絡がきた。
> ② 計画を立てるのは簡単だが、**さて**実行に移すとなると難しい。

▶ No.81　別の話題に切り替える！

ところで／話変わって／ときに

「**ところで**」は、【それまでの話題を終わらせて別の話題へ移りたい】ときに使います。

> ◎ ここ数年、介護ビジネスも少しずつ競争が激しくなってきました。**ところで**、日本人の平均寿命が90歳に到達するまでに、あとどれくらいかかると思いますか？

以下の例文のように、いいにくいことを切り出したいときに、あえて「ところで」を使うケースもあります。

> ◎ 六本木店が堅調とのこと。お慶び申し上げます。**ところで**、お約束していた商品Ａの写真データがまだ届いていないようです。

「ところで」の類語には「**話変わって**」や「**ときに**」があります。前者は明確に話題を切り替えたいときに、後者はかしこまった表現が求められる場面で重宝します。

> ◎ **話変わって／ときに**、外構建築のご予算をお聞かせくさい。

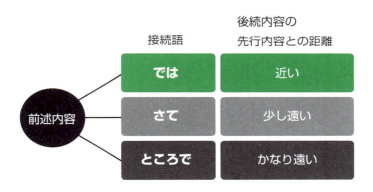

第11章　転換する

▶ No.82 本題に移るときの合図
それはそれとして／それはさておき／それはそうと／それはともかく

「さて」の類語には「**それはそれとして**」「**それはさておき**」などがあります。「それは」と、それまでの話題に（一応）触れながら話題を切り替える表現です。

あえて触れることで【**これから伝えることのほうが大切です**】**と知らせる役割を担っています。**余談から話を本筋に戻す「閑話休題」のニュアンスを含んでいます。

◎ キャンペーン中の来店者データについては、少し時間をかけて分析する必要がありそうです。**それはそれとして**、今この時期に新たな事業に乗り出す意義について説明します。

◎ 驚いたことに、一流経営者の８割以上は「自分が内向的である」と感じているそうです。**それはさておき**、政治家に必要なものは、よく「鞄と地盤である」といわれます。これは本当でしょうか？

ほかにも「**それはそうと**」や「**それはともかく**」などの表現もあります。「それはそうと」は、ややカジュアルな話し言葉調です。「思い出した」ような雰囲気を出したいときに使えます。

一方の「それはともかく」は、それまでの内容をやや乱暴に脇に置く印象を受けます。【**そんなことはどうでもいいから**】というニュアンスです。メールのやり取りなどで、相手の文面に対して「それはともかく」と書くと角が立つかもしれません。注意し

ましょう。

◎ 先日はありがとうございました。企画書ができ次第、お送りいたします。**それはそうと**、清水部長のお具合はいかがですか？

◎ 会場は赤坂にある老舗の料亭でした。**それはともかく**、私が驚いたのは参加者の顔ぶれです。業界の重鎮ばかりだったのです。

それはそれとして

▶ No.83　先行内容を認めたうえで、浮かんだ思いをいう

それにしても

「**それにしても**」は、【そうであるとしても／それはそうだが、しかし／それは認めるとしても】の意味で、【**それまで述べた内容を『それはそう』と認めたうえで、浮かび上がってきた事実や、湧き上がってきた気持ちを伝えたい**】ときに使います。

> ◎ 原価がリーズナブルなのはわかりますが、**それにしても**、この値段は安すぎではないでしょうか。
>
> ◎ たしかにデリケートな質問でしたが、**それにしても**回答率が低すぎてがっかりしました。
>
> ◎ 零細企業には太刀打ちできない案件であることはわかっていました。**それにしても**、悔しい結果といわざるを得ません。

「それにしても」には、話題を変える役割もあります。唐突な印象を受けますが、あらかじめ（「それにしても」と書く前に）、後続内容に関連する話題に触れているケースや、書き手が気にしていた話題を振り返って伝えるケースが少なくありません。

> ◎ **それにしても**、青山に事務所とは、うらやましい限りです。
>
> ◎ **それにしても**、今年の夏は異常な暑さでしたね。

▶ No.84 考えたこと、思ったこと、浮かんだことをいう

思うに／思えば／そういえば

「**思うに**」は、【考えてみると／推察すると】の意味で、【**改めて自分の考えや思いなどを伝える**】ときに使います。

> ◎ **思うに**、彼にはもともとリーダーの資質があったのでしょう。
> ◎ **思うに**、スマホの功罪を問うことは、エレベーターの功罪を問うことくらい馬鹿げたことではないでしょうか。

「**思えば**」は、【よくよく考えてみると】の意味ですが、とくに過去を振り返るシチュエーションで使います。

> ◎ **思えば**、2週間前にも似たクレームを受けました。
> ◎ **思えば**、創業から10年、一心不乱に走り続けてきました。

「**そういえば**」は、【それまで述べた内容に関連した別の話題を伝えたい】ときや、【ふと頭に浮かんだ事柄を伝えて、話題を切り替えたい】ときに使います。

> ◎ **そういえば**、先日ご提案した件はいかがでしょうか。
> ◎ **そういえば**、○○レストランは私も利用したことがあります。

第11章 転換する

147

▶ No.85 本題前に登場する ビジネス文章の常連表現

つきましては

　「**つきましては**」は、【**それまで述べた内容を踏まえながら話題を次に移したい**】ときに使います。「そこで」「そのため」のような『順接の役割』と、話題を変えて本題に切り込む『転換の役割』を兼ねています。

> ◎ 研修講師のご快諾をいただき、ありがとうございました。
> **つきましては**、お忙しいとは存じますが、事前に一度お打ち合わせをお願いしたく存じます。

　上記はメールの文章です。「快諾いただいたことへのお礼」を伝えたうえで、「つきまして」を使って「打ち合わせの打診」へと話題を展開しています（本題に切り込んでいきます）。話題転換の合図である「つきまして」を使って『ひと呼吸』置くことによって、読む人の意識が後続内容へ向かいやすくなります。

> ◎ このデータが示すように、この先も競合の増加と、それに伴う市場の奪い合いが激化することが予想されます。
> **つきましては**、弊社の強みである多店舗展開を活かした新プロジェクトを立ち上げます。

　このように、企画書や提案書、案内文など、背景説明をしてから本題へ移るビジネス文章全般で「つきましては」は重宝します。

第12章

例示・仮定する

▶ No.**86**　具体例を示す王道フレーズ

たとえば

「**たとえば**」は、【それまで述べた内容についての具体的な例を示す】ときに使います。サンプル（見本・例）を示すと、読む人の理解が格段に深まります。**「たとえば」は、「これからサンプルをお見せしますね」という、読む人へのシグナルです。**

> ◎ 同じサロン経営でも、経営方針はそれぞれ異なります。**たとえば**、Ａ社では新規顧客の獲得に注力していますが、Ｂ社では既存客の満足度を重視しています。
>
> ◎ 近藤医師の発言が物議を醸すことは少なくありません。**たとえば**、「歯は磨いてはいけない」という主張もそのひとつです。

「たとえば」に続いて具体例を示すことで、それぞれ一文目の詳細が明確になりました。もしも一文目で文章が終わっていたら（具体例がなければ）、読む人は「異なるって……どういうこと？」「物議を醸す発言って……どんな？」とモヤモヤしたことでしょう。

なお、「たとえば」には、「仮に」や「もしも」と同じように、【ある事柄を仮定する】という用途もあります。

> ◎ **たとえば**、商品の発売時期を半年ずらしたとします。
>
> ◎ **たとえば**、希望どおり 2000 万円の融資がおりたとします。

▶ No.87　よりストレートに具体例を示す

具体的には／一例を挙げると

　前ページで紹介した「たとえば」の言い換えフレーズには「**具体的には**」や「**一例を挙げると**」があります。文頭で「具体的」や「例」という単語を出すことで、読む人が「これから具体的に（一例を）示してくれるのね」と心の準備を整えやすくなります。**「たとえば」の連続を避けたいときにも使用を検討しましょう。**

◎ 当クリニックでは、高齢者によく起こる症状への治療を行っています。**具体的には**、骨粗鬆症、認知症、変形性関節症などがそれに該当します。

◎ 相手が心地よいと感じるコミュニケーションを図ることが大切です。**具体的には**、「話すスピードを相手に合わせる」「声の大きさを相手に合わせる」などの方法が有効です。

◎ 中国のテクノロジーは、実用化という点で日本よりはるかに進んでいます。**一例を挙げると**、中国の大都市・深圳では、すでにバスの自動運転が試験的に行われています。

　具体例は読む人の理解度や納得度を高めるうえで重要な役割を担っています。「具体的には」や「一例を挙げると」と書いておきながら、後続の文章で具体例や一例が示されていないのはNGです。信用を失いかねないので注意しましょう。

第12章　例示・仮定する

151

▶ No.**88** あえて有望株をピックアップする
なかでも／とりわけ／
とくに／ことに

「**なかでも**」は【多くのもののなかでもとくに】というニュアンスの言葉です。それまで述べてきた内容（大枠）から一部を抽出して話を展開させたいときに使います。

---

① 以上が現時点における懸案事項です。**なかでも**会場の選定については、早急な対応が求められます。

② 人間には喜怒哀楽の感情が備わっています。**なかでも**私が重要だと考えているのが「楽」の感情です。

---

① 懸案事項（多数）→ 会場の選定（抽出）
② 喜怒哀楽（４つ）→「楽」の感情（抽出）

「なかでも」を使うことによって、話が『抽象』から『具体』へと進むため、読む人の理解も深まりやすくなります。 ビジネス文章で「なかでも」をよく使う人は、物事をわかりやすく伝えようとする意識のある人です。

「なかでも」の類語には「**とりわけ**」があります。**「とりわけ」は、【似たようなもののなかでも、その程度（レベル）が際立ってはなはだしい様子】という意味があります。**

152

③ 会議ではたくさんのアイデアが飛び交いました。**とりわけ**目を引いたのが、清水課長が提案した「赤字店舗の閉店案」でした。

④ 上海で行われた国際家電見本市に行ってきました。**とりわけ**人気を集めていたのがＡ社のブースでした。

　「とりわけ」を使いつつ、③ではアイデアのなかでひと際目を引いた（アイデアのレベルが高かった）「赤字店舗の閉店案」に、④では国際文具見本市でひと際目を引いた（人気のレベルが高かった）「Ａ社のブース」に光を当てています。

　もしも「とりわけ」を使わずに文章作成した場合、意味こそ通じるものの、「赤字店舗の閉店案」や「Ａ社のブース」が【際立っている様子】はさほど伝わらなかったはずです。

　ほかにも、似た表現には「**とくに**」があります。この表現には「なかでも」や「とりわけ」のように、『あるもののなかから抽出する』というニュアンスはありません。**【前述の内容に関する『顕著な例』を示したい】ときに使います。**なお、「とくに」の最上級表現には「**ことに（殊に）**」があります。少し硬めの表現で、書き手の主観的な判断や評価を示したいときに有効です。

◎ 展示会では視覚的に目立つブースに人が集まりやすい。**とくに**、大きな写真パネルや画像を使ったブースは目を引きやすい。

◎ 映画愛にあふれる作品が大好きだ。**ことに**、超低予算インディーズ映画『カメラを止めるな！』は珠玉の傑作といえよう。

第12章　例示・仮定する

▶ No.89　さり気なく具体例を印象づける
○○を例に挙げるまでもなく／○○までもなく

「○○を例に挙げるまでもなく」というフレーズは、【あえて例に出す必要もないことですが】という意味です。『例に挙げるまでもない』と伝えることで、暗に『当然ですよね？』というメッセージを伝えることができます。

◎ メルカリを**例に挙げるまでもなく**、今では個人同士の売買取引が当たり前のように行われています。

◎ 日本やスイスを**例に挙げるまでもなく**、長寿国はおおむね医療機関や医療制度が充実しています。

なお、「○○までもなく」のフレーズは使い勝手抜群です。シーンに応じて、適切な言葉を入れましょう。

◎ **比較するまでもなく**、A社とB社の実力差は歴然です。

◎ **議論するまでもなく**、経営者であることと宗教家であることは両立しうることです。

◎ **検討するまでもなく**、私たちにはその道しか残されていません。

◎ **説明するまでもなく**、大学には研究と教育というふたつの役割があります。

◎ **いうまでもなく**、現在の仕組みは破綻しています。

▶ No.90 「本当か？」と 怪しまれそうなときが出番
事実／実際に（実際のところ）／現に／その証拠に

　冒頭で使う「**事実**」は【本当に／実際に】という意味で、【これまで述べた事柄が『本当である／実際にあった』という証拠を示したい】ときに使います。**読む人に「この内容って本当か？」と思われそうなときが出番です。**

> ◎ 経験が少ないと不利ということはありません。**事実**、弊社のセールストップ 10 人のうち半数以上が 20 代です。
>
> ◎ どんなにいい商品もパッケージが悪ければ売れません。**事実**、それまで売れなかった商品のパッケージを変えるだけで、ベストセラーになった商品もあります。

　「事実」の類語には「**実際に（実際のところ）**」があります。「事実」の後続内容が、驚きを秘めたものであることが多いのに対し、**「実際に（実際のところ）」は、身の回りにある『なじみのある事柄』を示すケースが少なくありません。**同じく類語の「**現に**」は、後続の文章で確固たる証拠を示したいケースに使います。ほかにも「**その証拠に**」というストレートな表現の類語もあります。

> ◎ **実際に**、未就学児のいるママたちの間で話題になっています。
>
> ◎ **現に**、これまで試した薬は、ほとんど効果がありませんでした。
>
> ◎ **その証拠に**、私どもの会員は 3 万人を超えています。

第12章　例示・仮定する

▶ No.91 「もしかしたら」の話し口調

ひょっと（したら／すると／して）

　「**ひょっとしたら／ひょっとすると**」は、【もしかしたら】という意味です。ただし、予測・想定の範囲内で使われることが多い「もしかしたら」に対して、「ひょっとしたら／ひょっとすると」は予測・想定の範囲外で使われるケースがほとんど。**「もしかしたら」よりも『それが起こる可能性が低い』というニュアンスがあります。**また、「もしかしたら」よりも話し言葉寄りです。

> ◎ **ひょっとしたら**、木村さんとニューヨークのどこかで会うかもしれません。
>
> ◎ **ひょっとしたら**、それは大地震の前兆なのかもしれません。
>
> ◎ **ひょっとすると**、佐々木さんなら、何か事情を知っているかもしれません。

　なお、「ひょっとしたら」と似たフレーズに「**ひょっとして**」があります。「ひょっとして」は【もしかして／万が一にも】の意味で、疑問形で使うケースも少なくありません。

> ◎ **ひょっとして**A案はボツになったのでしょうか？
>
> ◎ **ひょっとして**飯田部長は本社へお出かけでしょうか？
>
> ◎ **ひょっとして**赤字にでもなったらどうする。

▶ No.92 「もしそういう状況なら」と 結果を推測する

だとすると／だとすれば／だとしたら／

「だとすると」「だとすれば」「だとしたら」。これらの言葉は、いずれも、**「もし（仮に）〜だったら」のように仮定の話をする際に使います**（仮定条件）。それぞれ置き換えできるケースもありますが、言葉の意味やニュアンスが強めに打ち出されるケースでは、置き換えできないときもあります。

	共通する意味やニュアンス	異なる意味やニュアンス	その他の特徴
だとすると	「今は○○という状況にはないが、もしその状況を仮定すれば」という意味をもつ	続きには、おもに客観的な事柄がくる	後続内容が命令や許可、希望などの場合には用いることができない
だとすれば		続きは、主観的な事柄でも、客観的な事柄でもOK	先行内容と後続内容の結びつきがより必然的な事柄（論理的な事柄や一般的事実など）を表すことが多い
だとしたら		続きには、おもに書き手の立場や意見、つまり、主観的な事柄がくる	先行内容と後続内容の結びつきが偶発的で、その場の個別的な出来事を表すことが多い

第12章 例示・仮定する

157

◎ 壁を塗り終えたのは1時間ほど前らしい。

だとすると、すでに硬化が進んでいるはずだ。

◎ 壁を塗り終えたのは1時間ほど前らしい。

だとすれば、修正は難しいかもしれません。

◎ 壁を塗り終えたのは1時間ほど前らしい。

だとしたら、今できる作業は何だろうか？

◎ パスポートの発行は、申請から1週間ほどかかるとのこと。

だとすると、今月中に申請に行く必要がある。

◎ パスポートの発行は、申請から1週間ほどかかるとのこと。

だとすれば、もう間に合わない。

◎ パスポートの発行は、申請から1週間ほどかかるとのこと。

だとしたら、○○さんに受け取りを委任するしかない。

　ちなみに、前後の文脈によっては、「**そうだとすると**」「**そうだとすれば**」「**そうだとしたら**」のように、冒頭に「そう」をつけたほうがスマートなケースもあります。

　なお、少し砕けた感じにはなりますが、「**とすると**」「**とすれば**」「**としたら**」と簡略することもできます。

第13章

主張する

▶ No.93 主張する前に『受容』しておく

たしかに

「**たしかに**」は、一般論を語るときや、『○○だということも よくわかります』という具合に、**自分とは別の意見を【受け入れ る】、あるいは【いったん譲歩して受け入れる】ときに使います。** たとえば、メールであれば「色は青がいいのでは?」と助言をも らった際の返信文で、「たしかに青は、今回のコンセプトに合っ ていると思います」のように書きます。

◎ **たしかに**、収益面での心配がないわけではありません。

◎ **たしかに**、B社にはA社ほどの競争力はありません。

「たしかに」を使った文章のあとには、逆説の接続詞(「しかし」 「とはいえ」など)を用いるケースが少なくありません。そして、 その続きの文章で、筆者の意見や主張を伝えます。上記であれば 「**たしかに**、B社にはA社ほどの競争力はありません。**しかし**、 B社に勝算がないかといえば、そんなことはありません」という 具合です。**何かしらの提案や批判、主張をする際には、この「た しかに〜、しかし〜」と流れる『譲歩構文』が使えます。**

◎ **たしかに**、短期的に見れば平凡な物件かもしれません。**しか し**、今後、最寄り駅に地下鉄の乗り入れが予定されています。 その点を踏まえると、決して損をする物件ではないと見てい ます。

▶ No.**94**　いうまでもないことだけど

もちろん

　前ページの「たしかに」と似た用途をもつ表現が「もちろん」です。「**もちろん**」とは【いうまでもなく】の意味。「たしかに」が誰か（多くの場合、読む人）の意見を受け入れる形で使われるのに対し、**「もちろん」は一般論として【論じる必要もないほどはっきりしている事柄について語る】ときに使われます。**

> ◎ **もちろん**、いくら優秀とはいえ、個人の力には限界があります。
>
> ◎ **もちろん**、柔軟性は、ないよりはあったほうがいいでしょう。

　「たしかに」と同じように、「もちろん」の場合も、その先の文章で「しかし」を組み合わせるケースが少なくありません。「しかし」以降の文章では、書き手の意見や主張を伝えます。

　以下の文章は、あらかじめ予測される反論（例：喫煙は悪ではない）にも理解を示している点において、①よりも②のほうが、すべての人に受け入れられやすい文章です。

> ① 喫煙者の健康リスクが高いことはデータでも実証されています。
>
> ② **もちろん**、趣味としての喫煙を否定する気はありません。タバコを吸う・吸わないは個人の自由です。**しかし**、喫煙者の健康リスクが高いことはデータでも実証されています。

第13章　主張する

161

▶ No.95 まさしくそのとおり

○○のとおり

　何かしらの言葉や事柄に同意するときは、その内容に応じて、**「○○のとおり」というフレーズで書き始める方法があります。**160ページで紹介した**「たしかに」では物足りないとき（具体的に表現したほうが伝わりやすいと判断したとき）に有効です。**

◎ **おっしゃるとおり**、時期は適切ではないかもしれません。

◎ **ご指摘のとおり**、組織としてのまとまりは、まだありません。

◎ **お察しのとおり**、広告を出稿する余裕がございません。

◎ **（ご推察／ご明察）のとおり**、会社の再建に腐心しております。

　「推察」は【他人の事情や心中を思いやること。おしはかること】、「明察」は【はっきりと真相や事態を見抜くこと】です。

　なお、「○○のとおり」のフレーズは、「以上／以下／上記／下記／この／次の」などの言葉と組み合わせる使い方もあります。

◎ **（以上／以下／上記／下記／この／次の）のとおり**、11月4日の午後に、新商品発表を兼ねた記者会見を予定しております。

▶ No.96 「もともとそうですから！」と いいたいとき

もとより

「もとより」には、【はじめから／元来】という意味のほか、【そうであることについて、なんら疑いを差し挟む余地がない】という意味もあります。**「もともと」や「いうまでもなく」に近いニュアンスを含んだ言葉です。**

◎ **もとより**ご批判は覚悟していました。

◎ **もとより**具体策を講じるほどの力はありませんでした。

◎ **もとより**私は反対です。

「もとより」には【『あるもの』を挙げて、それより可能性の低い別のものについても、『あるもの』と同じである】と判断するときにも使われます（多くの場合、「AはもとよりBも〜」の形で）。このケースでは「もちろん」への置き換えもできます。

◎ 彼は、技術面は**もとより**、マインド面も一流です。

◎ 大人は**もとより**、子どもも楽しめる映画ではないでしょうか。

◎ 日本は**もとより**、中国など周辺諸国でも人気を博しています。

第13章 主張する

▶ No.97 交渉や駆け引きにも使える強いフレーズ

さもなければ／さもないと／さもなくば／そうでないと／（そう）でなければ

「**さもなければ**」は、【直前に示した内容について『もしもそれが覆されたら？』という仮定のもとに、その結果や対応策を示す】ときに使います。文脈や文体の硬軟に応じて「**さもないと**」「**さもなくば**」「**そうでないと**」「**（そう）でなければ**」などを使い分けます。

◎ 明日の正午までに計画書を提出してください。**さもなければ**、今回のプロジェクトは白紙に戻します。

◎ 至急対応しなければいけません。**さもないと**多くのクライアントが迷惑を被ることになるでしょう。

◎ 真実を話しなさい。**さもなくば**、この会社にいられなくなるぞ。

◎ ときには厳しい指導も必要です。**そうでないと**、いつまで経っても彼らは成長しません。

◎ おそらく具合でも悪かったのでしょう。**（そう）でなければ**、彼があんなミスを犯すとは考えられません。

「さもなければ」のあとには、『苦言』や『指摘』を含め、厳しいメッセージを書くケースが少なくありません。あるいは、予測や見解、主張などを伝える場面でも役立ちます。交渉や駆け引きをする際に巧みに使いたいフレーズです。

▶ No.98　誤解を避けるためのクッション言葉

○○というと語弊があるが

　「語弊」とは【言葉の使い方が適切でないために、誤解や何かしらの弊害を招きやすい言い方】のこと。「**○○というと語弊がありますが〜**」という具合にクッション言葉として使うことで、**読む人が冷静にメッセージを受け止めやすくなります**（よからぬ誤解を避けることができます）。○○には【（書き手が）いいすぎかもしれない】と思っている言葉が入ります。

◎ **相思相愛というと語弊がありますが**、Ａ社とＢ社の関係は極めて良好です。

◎ **嫉妬というと語弊があるにせよ**、Ｃさんに対して少なからず悔しい気持ちを抱いたことだけは確かです。

◎ **駄作というと語弊があるかもしれませんが**、Ａ氏の能力を考えれば、決してクオリティの高い仕事とはいえないでしょう。

　「語弊」には、以下の文章のように「**こういうと語弊があるかもしれませんが〜**」と前置きしてから、具体的に内容（多くの場合、書き手の本音や本心）を示す方法もあります。

◎ **こういうと語弊があるかもしれませんが**、今回の作品にはあまり感じるものがありませんでした。

第13章　主張する

▶ No.99 「偉そうに！」と思われないために

余計なお世話かもしれませんが

　【いらぬおせっかい】と自覚していながらも、それをあえて伝えなければいけないとき、あるいは、伝えずにはいられないときに使えるクッション言葉が「**余計なお世話かもしれませんが**」です。似たニュアンスの類語も多数あります（以下一例）。

◎ **余計なお世話かもしれませんが**、Ａ社との契約はもう少しお待ちいただいたほうがよろしいかと存じます。

◎ **誠に失礼ながら**、いただいた数字に誤りがございます。こちらで訂正することもできますが、いかがしますか。

◎ **差し出がましいこととは思いますが**、このデザインは、今回のコンセプトから大きくずれているように感じます。

◎ **おこがましいようですが**、そもそものコンセプトに無理があるように思います。

　ほかにも【必要以上に世話を焼こうとする気持ち】があるときには「**老婆心ながら**」という言葉が使えます。「老婆の心（＝人生経験豊富）」ですので、目下の人から目上の人に伝える文章には使えません（「**おせっかいかもしれませんが**」も同様です）。

◎ **老婆心ながら**、このプランには不安な点があります。

◎ **おせっかいかもしれませんが**、再検討をお勧めします。

▶ No.**100** 勇気を出して意見をいう
批判を（承知／覚悟）で 申し上げますが

　これを書くことで読む人から反論や批判、指摘を受けそうだと感じたときには、「**批判を（承知／覚悟）で申し上げますが**」が役立ちます。この言葉で前置きすることで『**読み手が反論しにくくなる**』**という効果があります。**かしこまる必要がなければ、「申し上げますが」は、「書きますが（書きますと）」や「いいますが（いいますと）」でもいいでしょう。

> ◎ **批判を覚悟で申し上げますが**、トップダウン型の経営をこのまま続ければ、会社全体が機能不全に陥りかねません。
>
> ◎ **批判を承知でいいますと**、今回のプロジェクトは脇が甘い気がしてなりません。

　然るべき前置きをすることで、読む人に【これから伝えることは厳しい意見・主張です】という気持ちを伝えることができます。また、暗に【私は極めて冷静にこれを書いています（感情的になっているわけではありません）】というシグナルにもなります。

　もう少しソフトな表現にしたいときは「**ご批判を受けるかもしれませんが**」という言い回しを使ってもいいでしょう。

> ◎ **ご批判を受けるかもしれませんが**、私どもの提案が的外れだとは思っておりません。

第13章　主張する

▶ No.101 大胆な意見をいうときに

暴論かもしれませんが

「暴論」とは【道理に外れた乱暴な意見・議論】という意味。これから書くことが少し乱暴だと思ったときには、「**暴論かもしれませんが〜**」と前置きすることで、**読む人が続きの内容を受け入れやすくなります。**こうした前置きなく文章を書くと、読み手から「おい、それは暴論だろ！」と指摘されかねません。

　似たニュアンスの類語があるので、場面に応じて使い分けましょう（以下一例）。

◎ **暴論かもしれませんが**、休刊を検討すべきではないでしょうか？

◎ **少し乱暴な意見かもしれませんが**、一度Ａ社のやり方を真似してみてはいかがでしょうか？

◎ **極端な意見かもしれませんが**、この際、Ａ班とＢ班の執行管理者を入れ替えてみてはいかがですか？

　ほかにも「**愚論**」という言葉が似合う場面もあります。「愚論」とは【くだらない論】の意味で、持論や自説を謙遜したいときに用います。このひと言を添えることで、角が立たずに済みます。

◎ **愚論かもしれませんが**、この際、リーダーを立てずにフラットな運営体制を敷いてみてはいかがでしょうか。

第14章

その他

▶ No.102 書き手の気持ちを示すシグナル

○○なことに

「○○**なことに**」の○○には、多くの場合、書き手の気持ちを示す言葉が入ります。**文頭に「○○なことに」と書くことで、読む人は文章のテーマを把握することができます。**その結果、続きの内容を理解しやすくなります。たとえば、冒頭で「**運がいいことに**」と書かれてあると、読む人は「これから（書き手にとって）運のいい話が始まるぞ」と心の準備を整えるのです。

◎ **幸いなことに**、この企画が腐ることはありません。

◎ （**嬉しいことに／ありがたいことに**）、最高の条件でＡ社と契約を結ぶことができました。

◎ **困ったことに**、その後、お客様と連絡が取れなくなりました。

◎ **残念なことに**、狙っていた展示スペースを確保することができませんでした。

「○○なことに」のフレーズを使って書き手の感情や考え、意見をわかりやすく伝えられる人は『伝え上手』です。もっとも、ビジネスシーンでは、書き手の主観情報がノイズになることも少なくありません。TPOを見極めながら、書き手の感情や状況を「示すOR示さない」の判断を下しましょう。

▶ No.103 一般的な傾向や度合を示す
多くの場合／世間一般では

　ビジネスシーンでは、一般的な傾向や度合を示さなければいけないケースが少なくありません。なかでも「**多くの場合**」は、100％ではないものの、かなり高い確率を示すときに有効です。筆者の肌感覚としては**70％くらいのイメージ**です。

> ◎ **多くの場合**、発熱などの症状を伴います。

　さらに高い確率を示したいときは「**たいていの場合**」や「**ほとんどの場合**」というフレーズが適しています。肌感覚としては**80、90％のイメージ**です。また、「**世間一般では**」という表現もあります。「世間一般」とは【世間の通常の場合の／一般的な観点では／社会通念上は】などの意味。常識的なラインを引き合いに出すことで、読む人の理解度が高まります。

> ◎ **世間一般では**「借金はよくない」とされていますが、借金自体が悪いわけではありません。返済計画のない借金が悪いのです。

　ほかにも全体の傾向を表現する言葉には、「**総じていえば**」「**概していえば**」などがあります。「総じて」は【多少の例外はあるにしても、その多くは】の意味で、「概して」とは【全体を大まかにとらえると】の意味です。

▶ No.104 もしもの話を進めるか テーマ設定を知らせるか

○○の場合（は）

「○○**の場合（は)**」は、おもに【もしそうなったとき／あることが起きたとき】という**仮定の用途**と、【○○に関していえば】というテーマ**設定の用途**で使われます。

◎ **遅刻した場合は**、裏のドアから静かにお入りください。

◎ **万一の場合は**、すぐに現場に人を向かわせます。

上記は仮定の用途の例文です。「○○の場合（は）」を使って、将来の予測や計画を伝えたり、リスクへの対応策を講じたりすることができれば、仕事の成果につながりやすくなります。

◎ **このプロジェクトの場合**、質よりもスピードが求められる。

◎ **染谷さんの場合は**、叱るよりも褒めたほうがいい。

上記は設定の用途の例文です。ある人や事柄について述べたいときに、「○○の場合（は）」を使ってテーマ設定することで、読む人が続きの文章を受け入れやすくなります（理解しやすくなります）。設定の用途では、「○○の場合（は）」を「○○**に関していえば**」に置き換えることもできます。テーマ設定の意味合いをより強めたいときにオススメです。

▶ No.105 ビジネスで使える論理的フレーズ
○○を踏まえて（考慮して／勘案して／視野に入れて／念頭に置いて）

　説明・案内・指示・報告など、ビジネスシーンではさまざまな伝え方が求められます。文章を書いて、情報を正確かつ論理的に伝えたいときは、賢く『論理的フレーズ』を使いましょう。以下は、論理的になりやすいフレーズの数々です。

【① ○○を踏まえて】
　「踏まえる」とは【ある事柄を考慮する／ある事柄を前提にして考えを進める】などの意味。ビジネスシーンでは、何かしらの説明をするときや、人に行動を促すときなどに使います。

> ◎ 前回の反省を**踏まえて**、デザイン変更を行いました。
>
> ◎ 業界の実情を**踏まえつつ**プランを練る必要があります。
>
> ◎ 以上の注意点を**踏まえたうえで**、安全に行動願います。

【② ○○を考慮して】
　「考慮」とは【ある物事について、いろいろな角度からよく考える】こと。多くの場合、判断や決断、行動、結論を示すときの前振りに使います。

第14章　その他

173

◎ 分析結果を**考慮して**商品開発を行います。

◎ それらの条件を**考慮しつつ**設計する必要がある。

◎ 冷夏だった点を**考慮すると**、売上げ低迷を一概には責められない。

【③ ○○を勘案して】

　「勘案」とは【複数の事情・物事・条件などを考え合わせる】こと。「勘」には【よく調べて考えること】という意味がある。

◎ 採用されるか否かは、上記（a）〜（c）を**勘案して**判断する。

◎ リスクとリターンを**勘案しながら**、事業計画を立てます。

◎ 双方の意見を**勘案したうえで**、結論を出す予定です。

【④ ○○を視野に入れて】

　「視野に入れる」とは【何かを考えたり、行ったりするときに、可能性や選択肢などの要素をさらに増やす】こと。「**考えに入れる**」というフレーズを少し硬めにした表現です。　読む人の納得度が高まることもあります。

◎ オフィスの移転も**視野に入れて**検討します。

◎ 多店舗展開も**視野に含めながら**進めていきましょう。

◎ インストラクター養成を**視野に入れつつ**カリキュラムを構築してまいります。

【⑤ ○○を念頭に置いて】

「念頭に置く」は【常に心がける／心に留めておく】などの意味で、書き手がその事柄に注意を向けていることを示すことができます。ちなみに、「考えに入れる」と混同して「念頭に入れる」と書くのは誤りです。

> ◎ お客様は専門用語を理解できません。そのことを**念頭に置いて**説明文を考える必要があります。
> ◎ 両チャンネルでの販売を**念頭に置きつつ**商品設計しました。
> ◎ 相手の立場を**念頭に置きながら**交渉の席に着くべきです。

▶ No.106 パっと見の印象
一見すると／一見して／表向きは

「**一見すると**」とは【ちょっと見たところでは／ぱっと見た印象では】という意味。短縮して「**一見**」の形で使うこともあります。**あくまでも『ぱっと見』なので、その実態（中身・本質）などは違うかもしれない……というニュアンスを含んでいます。**

> ◎ **一見すると**稚拙で平凡だが、よく練られた企画書です。
> ◎ **一見**科学的だけど、納得するには何かが足りない。

「一瞬見ただけで○○した」という内容を伝えたいときは「**一見して**」のフレーズが使えます。

> ◎ **一見して**このサービスの弱点を見抜きました。
> ◎ **一見して**事の真相を悟りました。

ほかにも類語がたくさんあります。ニュアンスの違いを汲み取って使いましょう。

> ◎ **見たところ**、彼は立派なビジネスパーソンだ。
> ◎ **見た限りでは**、なかなかいい商品だ。
> ◎ **見た感じ**、悪い出来栄えではない気がします。
> ◎ **これだけを見ると**、決して悪い数字ではありません。

「一見すると」と似た意味合いのフレーズに「**表向きは**」があります。「表向きは」とは、【外から見る限りは】という意味で、その裏には**【実際は違う／実際は違うかもしれない】というニュアンスが隠れています。**

以下に、似た意味のフレーズと共にご紹介します。

◎ **表向きは**久保田が責任者ということになっています。

　　※実際の責任者は違う（かもしれない）

◎ **表面上は**問題がないように見えるかもしれません。

　　※実際は問題がある（かもしれない）

◎ **表面的には**無関係に見えるＡとＢにも、実は共通点があります。

　　※後続文章のとおり実際は無関係ではなく、共通点がある

◎ **傍目には**信頼関係が築かれているように見えました。

　　※実際は信頼関係が築かれていない（かもしれない）

◎ **よそ目に**は厳しい仕事に見えるかもしれません。

　　※実際は厳しくない（かもしれない）

▶ No.107 念押し目的であえてくり返す

くり返しになりますが

　同じことをくどくどくり返す文章はあまり好まれません。一方で、念押しの意味で『あえてくり返す』ことには大きな意味があります。**くり返して伝えることの裏には、読む人への気配りと、書き手自身にとってのメリット（伝え漏れ防止）があるからです。**くり返す際に使える言葉が「**くり返しになりますが**」です。

> ◎ **くり返しになりますが**、締め切りは 23 日の 18 時です。

　念押し以外でくり返しが必要となるケースもあります。たとえば、**強めの主張や提案をするときやクレームを伝えるとき**など。そうしたケースでは「**くどいようですが**」「**もう一度いいますが**」「**何度もいうようですが**」などのフレーズも有効です。

> ◎ **くどいようですが**、技術として使うためには、基本の体得が欠かせません。
>
> ◎ **もう一度いいますが**、事前に納品期日を指定してきたのは貴社のご担当者様です。こちらから指定したわけではございません。
>
> ◎ **何度もいうようですが**、これは金銭で解決できるような問題ではございません。

▶ No.108 「注目してね！」と旗を振る

○○すべきは〜点です

【それを行う必要がある】という意味の「すべき」を使った冒頭のフレーズに「○○すべきは〜点です」があります。○○には「特筆」「着目」「注目」「注意」「意識」「反省」など『特に取りあげたい』言葉が入ります。

① 購入者のうち女性が約7割を占めている点は**特筆すべき**です。

② **特筆すべきは**、購入者のうち女性が約7割を占めている**点**です。

「特筆」とは【特に取りあげて書きしるすこと】です。①も②も同じ内容の文章です。しかし、冒頭で「○○すべきは」と切り出した②のほうが、「特筆する」という強い気持ちが伝わってきます。**「はーい、これから大事なことをお伝えしますよ〜！」と書き手が旗を振っている。そんなイメージのフレーズです。**

◎ **注目すべきは**、A社のような零細企業でも、インターネットを使って膨大な売上げを上げている**点です**。
◎ **注意すべきは**、契約未成立時に、前金が返却されない**点です**。
◎ **反省すべきは**、A社に簡単に言質を与えてしまった**点ではな**いでしょうか。

第14章 その他

▶ No.109 何かを聞く＆疑問を呈するときの王道ワード

なぜ／どうして

「**なぜ**」とは【どういうわけで／なにゆえ】の意味で、読む人に何か質問をするときや、理由や原因、目的、意味など、何かしらの疑問を呈するときに使います。どちらかというと書き言葉寄りの表現です（より砕けた表現には「**なんで**」があります）。

また、「なぜ」と同じ疑問詞の「**どうして**」は、「なぜ」よりも話し言葉寄りの表現ですが、理由や原因を知りたい、という気持ちは「なぜ」に増さっています。**「どうして」を使う裏には、対象者を「問い詰めよう」「非難しよう」という気持ちが隠されているケースも少なくありません。**

◎ 一点、お聞きしたいことがあります。**なぜ**私が突然リーダーに指名されたのでしょうか。

◎ **なぜ**商品Ａはあれほど売れたのでしょう？　私なりの分析結果をお伝えします。

◎ **なぜ**ヒンジが壊れたのか？　私たちは早急にその原因を突き止める必要があります。

◎ **どうして**「アルミ」ではなく「ステンレス」を選んだのでしょうか？

◎ **どうして**今さらやる気になったのか。彼の気持ちが、私にはよくわかりません。

180

強く疑問を呈するときや、相手を咎めるときには、強調の目的で「**いったい**（一体)」を組み合わせることもよくあります。

◎ **いったいなぜ**彼はあんな口の聞き方をしたのですか？

◎ スタッフがあれだけいたにもかかわらず、**いったいどうして**今回のような事故が起きたのでしょう？

物事の本質に迫るときには「**そもそも**」を組み合わせるケースもあります。「そもそも」は、【それにしても】の意味で、【物事の根源を説き起こすときや、改めて問題提起するとき】などに用います（108 ページ参照)。

◎ **そもそも**Z 社のような大企業が、**なぜ**うちのような会社にパートナー契約を打診してきたのでしょうか。

「そもそも」に似た意味の「**だいたい**」は、【（否定的表現を伴って）好ましくない結果の根本に話が及ぶさま】を示す言葉で、少し不服そうなニュアンスを出したいときや、相手（読む人）を問い詰めたい場面で重宝します。

◎ **だいたいなぜ**、私たちが同席しなければいけないのでしょうか？

第14章　その他

181

▶ No.110 ビジネスシーンで信頼を得やすい表現

○○いうと（いえば）① 結論伝達系

「○○いうと（いえば）」の○○には、【書き手の意図や宣言、狙い】などを入れます。「**結論をいえば**」と書けば『今から結論をいいます』、「**率直にいうと**」と書けば『今から率直にいいます』と宣言したのも同じ。読む人に行く先を示すわかりやすいシグナルです。

【語尾の違い】
◎ ○○いうと → とくに強調なし
◎ ○○いえば → やや強調あり

【結論をいうと（いえば）】

真っ先に結論を伝えたいときに使えるフレーズです。『結論優先』が基本のビジネスシーンで重宝します。「結論をいうと」と前置きすることで、読む人は結論を受け止める準備を整えます。

> ◎ **結論をいうと、**今回の企画は白紙に戻すことになりました。

【単刀直入にいうと（いえば）】

勇気を出して結論を切り出したいときや、（細かい背景は抜きに）急ぎで結論を伝えなくてはいけないときなどに使います。回りくどい表現を避けることによって、書き手の誠意が伝わることも少なくありません。

◎ **単刀直入にいうと**、彼の技術力はまだ未熟です。

【率直にいうと（いえば）】

　（情報や気持ちを）周囲の人や、さまざまな状況を気にせずに伝えたいときに有効です。「率直にいって」というフレーズもよく使われます。

◎ **率直にいって**、彼はリーダーとして適任ではないと思います。

【有り体にいうと（いえば）】

　「有り体」とは【偽ったり、隠したりせず、ありのままのこと】という意味。少し古風でかしこまった言い方です。

◎ **有り体にいえば**、これは取引を成功させるための根回しです。

【本音をいうと（いえば）】

　「本音」とは【本心からいう言葉】のこと。ビジネスシーンでは建前も多いため、多かれ少なかれ、意を決して書かなければいけません。

◎ **本音をいえば**、責任者には野口さんが適任でしょう。

　なお、**論文など硬めの文章であれば、「いう」の代わりに「述べる」を使ったほうがしっくりくるケースもあります。**「率直に述べると」という具合です。

▶ No.111 わかりやすくまとめる表現

○○いうと（いえば）② 情報まとめ系

「○○いうと（いえば）」のなかでも、情報をわかりやすくまとめて伝えたいときの表現を紹介します。

【簡単にいうと（いえば）】

難しい話、込み入った話を、わかりやすく伝えたいときに用います。専門性の高い内容を伝えるときにも重宝する表現です。

◎ **簡単にいうと、**サプリメントのようなものです。

【端的にいうと（いえば）】

「端的」とは【明白なさま／てっとりばやく核心にふれるさま】という意味があります。手短にはっきり要点を伝えたいときに使います。【ズバリ！】というニュアンスを含んでいます。

◎ **端的にいうと、**この広告には訴求力がありません。

【簡潔にいうと（いえば）】

「簡潔」とは、【簡単で要領よくまとまっているさま／表現にムダがないこと】という意味です。

◎ **簡潔にいうと、**サービスインの時期を誤った、ということです。

【平たくいうと（いえば）】

　物事を平易な言葉に置き換えるときに使う表現です。堅苦しくない表現を心がけることで、読む人の理解度が高まります。

> ◎ **平たくいえば**、「足切り」です。

【大雑把にいうと（いえば）】

　「大雑把」とは【細かい点を気にせず大づかみにする様子】という意味。物事の全体をザクっとつかんで伝えたいときに使えます。【少し粗雑になるけど】というニュアンスも含んでいます。

> ◎ **大雑把にいえば**、男女の比率が３：１ですから、全体の１／３が反対に回る可能性がある、ということです。

【かいつまんでいうと（いえば）】

　「かいつまむ」とは【話の内容の要点やあらましをとらえる】という意味。重要なポイントだけを抜き出して伝えたいときなどに使います。

> ◎ **かいつまんでいえば**、都市と地方の差は、そのまま情報の差に置き換えられるという主張です。

第14章　その他

▶ No.112 ドカンと、ビシっと、ザクっと 伝える表現

○○いうと（いえば）③ 誇張・強調・概ね系

　誇張して伝えたいときや、強調して伝えたいとき、ざっくりと伝えたいときなど、さまざまな「○○いうと（いえば）」フレーズを紹介します。

【大げさにいうと（いえば）】

　「大げさ」とは【実際よりも少し程度を増して表現する】こと。ビジネスシーンで大げさにいいすぎるのは良くありません。一方で、相手に理解してもらうために、あえて大げさな表現を使うケースもあります。

> ◎ 少し**大げさにいえば**、この事業ひとつで全社員の給料をまかなっているようなものです。

【もっというと（いえば）】

　ダメ押し的に情報をつけ加えて、文章全体の説得力を高めたいときに有用です。「**さらにいうと（いえば）**」というフレーズのほうがなじむときもあります。

> ◎ **もっといえば**、第一印象の良し悪しとは、印象を抱く側の過去の経験（＝情報）に基づいて作られた幻想のようなものです。

【強いていうと（いえば）】

　特筆すべき事柄ではないものの『ムリしていうとしたら』というニュアンスで用いる表現です。ふだんは取り扱わない細かい事柄に光を当てることで、読む人の納得感を高める効果があります。「**強いていうなら**」の形でもよく使われます。

> ◎ プランＡとプランＢの違いはほとんどありません。　**強いていうなら**、プランＡのほうが材料費は安く済みます。

【あえていうと（いえば）】

　「あえて」は【やりにくいことを押しきってすること】です。とくに伝える必要のないことだけど、伝えざるを得ない状況などで使います。「**あえていうなら**」の形でもよく使われます。

> ◎ **あえていうなら**、スタッフに笑顔がないことが気になりました。

【ざっくばらんにいうと（いえば）】

　「ざっくばらん」とは、【もったいぶったところがなく、素直に心情を表す様子】のこと。自分の感情や考え、それに情報を遠慮せずに伝えることで、読む人との信頼関係を強めることができます。『私は駆け引きをしません』という宣言にもなります。

> ◎ **ざっくばらんにいえば**、売上げから諸経費を引いた額の30％がＡ社の取り分となります。

第14章　その他

第15章

助詞

▶ No.**113** 向かっていくのか、対等なのか
「に」「と」の違い①

① 都知事**に**お会いしました。
② 都知事**と**お会いしました。

　①は助詞に「に」、②は助詞に「と」を使っています。いずれも意味は通じますが、ニュアンスが微妙に異なります。

◆「に」のニュアンス：相手に向かっていく
◆「と」のニュアンス：相手と対等である

　都知事と対等の立場か、あるいは立場が上の人（例：総理大臣）が、②のように「都知事とお会いしました」と書くのは構いません。一方、都知事よりも目下の人が、このケースで「と」を使うのは失礼にあたります。①のように「都知事にお会いしました」と書くべきです。

③ 浩之が朋美**に**約束をしました。
④ 浩之が朋美**と**約束をしました。

　「に」を使った③は【浩之が一方的に約束をした】という意味で、「と」を使った④は【浩之と朋美がお互いに約束をした】という意味です。「に＝相手に向かっていく」「と＝相手と対等である」というニュアンスを意識して、両者を使い分けましょう。

▶ No.**114** 結末を強調するのか、しないのか

「に」「と」の違い②

① 彼が社長**に**なりました。

② 彼が社長**と**なりました。

　「に」を使った①と「と」を使った②は、どちらも正しい文章です。しかし、そのニュアンスに少し差があります。

◆ **「に」のニュアンス：結末を強調していない**（自然の流れでその結末になった）

◆ **「と」のニュアンス：結末を強調している**（さまざまなプロセスを経てその結末になった）

　したがって、結末を強調する必要がなければ（スムーズに彼が社長になったのであれば）「に」を使った①の書き方、結末を強調する必要があれば（紆余曲折を経た末に、彼が社長となったのであれば）「と」を使った②の書き方が適切です。

③ 午後から雷雨**に**なりました。

④ 午後から雷雨**と**なりました。

　③と④も微妙なニュアンスの違いです。「雷雨になった」という結末を強調する必要がないようなら③、結末を強調したいときは④が適切です。

第15章　助詞

191

▶ No.115 場所が「所在地」か「利用地」か

「に」「で」の違い

---

① 会社**に**資料があります。

② 会社**で**資料を作ります。

「場所＋に」と「場所＋で」の違いを表す文例です。**「場所」が【もの・こと】の所在地のときには「に」を使い、「場所」が【もの・こと】に利用地であるときは「で」を使います。**

---

③ 私は東京**に**住む。

④ 私は東京**で**暮らす。

場所の「に」と「で」には、もうひとつ【動作性の強弱】という基準もあります。「住む」は「～に居る」という【動作性】が弱い状態の動詞です（前述の「所在地」に近いニュアンスです）。この場合は「に」を使います。

一方、「暮らす」は『働く』や『遊ぶ』を含む【動作性】が強い状態の動詞です（前述の「利用地」に近いニュアンスです）。この場合は「で」を使います。

---

⑤ 線路**に**ゴミを捨てる。

⑥ 線路**で**ゴミを捨てる。

「場所＋に」は、動作によって到達する地点を表すこともあり

ます。⑤の「線路にゴミを捨てる」は、ゴミを落とした先（到達地点）が「線路である」という意味です（例：駅のホームから投げ捨てる）。

　一方、⑥の「線路でゴミを捨てる」は、「ゴミを捨てるという行為が行われた場所＝線路」という解釈が自然です。文字どおりに読めば、ゴミを捨てた場所は、ホーム上からではなく、線路の上だった、という意味になります。

---

⑦ 申込みは午後５時**に**締め切ります。

⑧ 申込みは午後５時**で**締め切ります。

---

　⑦と⑧もニュアンスは微妙に異なります。「午後５時に」と書くよりも「午後５時で」と書いたほうが、『限定のレベル』が強くなります。時間における『限定のレベル』とは、【締め切り／期限】のことです。

　「午後５時に」は、単純に午後５時に締め切るという【状態】を示したにすぎません。

　一方「午後５時で」は【期限】を明確に示した表現です。締め切りをすぎないよう注意を促す意図が読み取れます。

　同様に、以下の文章も、⑨が通常の閉店時間を伝えているのに対して、⑩は【今日は特別に 19 時に閉店します】という特別感を伝えています。微差ですが使い分けられるとスマートです。

---

⑨ 当店は 19 時**に**閉店いたします。

⑩ 本日は 19 時**で**閉店いたします。

▶ No.116 重視しているのは「目的地」か「方向」か

「に」「へ」の違い

① 会社に行く。
② 会社へ向かう。

　「に」は「目的地（移動や変化の結果）」、「へ」は「方向（移動や変化の過程）に重心を置いた言葉です。会社を目的地として書くときには①、会社を目指すという意味で書くときには②が適しています。ただし、以下のように【限定的な事柄（イベントなど）】を指すケースで「へ」を使うと違和感があります。

△ 講演会へ行きます	○ 講演会に行きます
△ 店舗の視察へ行ってきます	○ 店舗の視察に行ってきます
△ 選挙へ行く	○ 選挙に行く

　一方、方向を強調するケースでは「へ」が適しています。

△ 駅に続く一本道	○ 駅へ続く一本道
△ 搭乗ゲートに向かう	○ 搭乗ゲートへ向かう
△ 前に前にと突き進む	○ 前へ前へと突き進む

　なお、一般的には「へ」よりも「に」のほうが、適用範囲が広めです。「へ」の多くは「に」に置き換えられますが、「に」から「へ」には、置き換えられないケースも少なくありません。

194

▶ No.117 動詞との相性を感覚的につかもう

「に」「を」の違い

> ① 台風が関東**に**直撃しました。
> ② 台風が関東**を**直撃しました。

　「に」は「目的地（舞台）」、「を」は「直撃の対象」を指す助詞です。台風が目的地で起こるものなら①も許容かもしれませんが、台風は、空間を移動する流れのなかで『その対象』を直撃したととらえるべきでしょう（この場合は②が適しています）。

　以下の比較のように「名詞＋【に／を】＋動詞」では、助詞と動詞の相性（合う・合わない）も関係してきます。

> × 　部下の仕事**を**口出ししない。
> ○ 　部下の仕事**に**口出ししない

> × 　以下の点**を**留意したい。
> ○ 　以下の点**に**留意したい。

> × 　Ａ社**に**サポートしたい。
> ○ 　Ａ社**を**サポートしたい

> × 　彼の境遇**に**悲観していた。
> ○ 　彼の境遇**を**悲観していた。

第15章　助詞

▶ No.118 重点をどこに置くか
「が」「は」の違い

① 岡崎さん**が**家を買った。
② 岡崎さん**は**家を買った。

　「が」を使った①と、「は」を使った②の違いは、重点を置く対象の違いです。①と②の文章の前にどんな「問い」がくるかを考えると、違いが明確になります。

　①の前にくる質問：誰が家を買いましたか？
　②の前にくる質問：岡崎さんは何を買いましたか？

　この質問を踏まえると、①は「誰が＝岡崎さん」に重点を置いていることがわかります。つまり、読む人がまだ岡崎さんのことを知らない状態です。
　一方の②は「何を＝家を」に重点を置いています。つまり、読む人がすでに岡崎さんのことを知っている状態です。結果、以下のような原則にたどり着きます。

　□□**が**○○だ。
　○○**は**□□だ。

　重点が置かれるのは、それぞれ□□のほうです。つまり、**「が」は「が」の直前、「は」は「は」の直後に重点が置かれます。**

③ 店舗Ａの売上げ**が**上がりました。

④ 店舗Ａの売上げ**は**上がりました。

　③が「店舗Ａの売上げ」、④は「上がった」に重点を置いた文章です。それぞれ文章の前にくる質問は以下です。

　③の前に来る質問：どの店舗の売上げが上がりましたか？

　④の前に来る質問：店舗Ａの売上げはどうなりましたか？

⑤ 私**が**このチームのリーダーです。

⑥ 私**は**このチームのリーダーです。

　⑤が「私」、⑥は「このチームのリーダーです」に重点を置いた文章です。それぞれ、文章の前にくる質問は以下です。

　⑤の前にくる質問：このチームのリーダーは誰ですか？

　⑥の前にくる質問：あなたの役割は何ですか？

　「は」と「が」を間違えると、読む人のなかで違和感が生まれます。うまく使えていない気がする人は、重点を置いている箇所と、自分がその文章を書く前に立てている質問に目を向けてみましょう。立てた質問に対する答えこそが、その文章で最も強調すべき事柄です。

第15章　助詞

197

【コラム】

　助詞「てにをは」の用途や違いを解明しようと、学者がさまざまな分析・研究に取り組んでいます。すでに解き明かされているものだけでも、書籍何冊分もの量になるでしょう。

　正直、そうした膨大な理論のすべてを、私たちが暗記することは不可能です。大切なことは、頭で考えるのではなく、感覚的に助詞の使い分けができるようになることではないでしょうか。

　インターネット上には雑な使い方をした助詞が散見されます。なかには、それらを「正しい」と思い込んで覚えてしまう人もいます。

　助詞の選択眼を養う最良の方法は、プロの校正者が目を通した文章（書籍や新聞、雑誌など）をよく読むことです。的確に助詞を使うためには、日ごろから「的確に助詞を使った文章」に触れておかなければいけません。

▶ No.**119** 稚拙な表現にならないように

「の」連続使用に注意

　同一の助詞が連続する文章は、読みにくく、稚拙な印象を与えかねません。「の」「は」「が」「に」「を」などの助詞は、それぞれ注意が必要です。

> ① 打ち合わせ場所は、Ａ社**の**向かい**の**竹本ビル内**の**２階**の**人気のカフェ「禅」**の**個室でいかがでしょう。
>
> ② 打ち合わせ場所は、Ａ社**の**向かいにある竹本ビル内（２階）**の**人気カフェ「禅」でいかがでしょう。個室を押さえておきます。

　①では「の」が６個も使われています。読みにくく頭に入りにくい文章です。一方、①の修正文である②は、「の」の数を減らすべく、「向かい**の**」→「向かいにある」、「竹本ビル内**の**２階」→「竹本ビル内（２階）」、「人気**の**カフェ」→「人気カフェ」のように、表現を工夫しました。また、句点（マル）で文章を区切って、個室の件は、補足扱いにしました。結果、「の」の数は２つに減り、すっきりと読みやすい文章になりました。

> ✕ 部長**に**急**に**相談するとき**に**いつも気を遣う。
>
> ◯ 部長**に**急な相談を持ちかけるときは、いつも気を遣う。

第
15
章

助
詞

199

× このシェアオフィス**を**経営者**を**志す人たち**を**サポートする場として提供する。

○ このシェアオフィス**を**、経営者**を**志す人たちのサポート場として提供する。

× ここには才能**が**ある人**が**たくさんいる**が**、そんな彼ら**が**活躍する場がない。

○ ここには才能豊かな人**が**たくさんいる。しかし、そんな彼ら**が**活躍する場がない。

× 私**は**ふだん**は**平日に**は**残業**は**しません。

○ ふだん私**は**、平日に残業しません。

× 課長**が**資料**が**不備**が**あるといっていました。

○ 課長**が**「資料に不備**が**ある」といっていました。

　同じ助詞が連続して「読みにくい」と感じるときは、「なくても意味が通じる助詞を削る」「言い回しを変える」「句点（。）を打つ」「カッコを使う」「語順を入れ替える」などの方法で、スマートな文章へ変更しましょう。

　また、そもそも正しい助詞を選べていないケースも少なくありません。同様に注意しましょう。

▶ No.120 くり返して使うのが基本

並列助詞「たり」

---

① 彼は、本を読ん**だり**、インターネットで調べるなどして、相続税について学びました。

② 彼は、本を読ん**だり**、インターネットで調べ**たり**して、相続税について学びました。

　相続税について学ぶために、「彼」がしたのは「本を読むこと」と「インターネットで調べること」のふたつです。両者は、並列の関係にあります。したがって、並列助詞の「**たり**」を使う選択は間違っていません。

　ただし、【動作や状態を並列して述べる目的】、あるいは「腕を上げたり下げたりする運動」のように【反対の意味の言葉をふたつ並べて、その動作・状態が交互に行われることを表す】目的の**「たり」は、反復して使うのが原則です。**したがって、①は誤りで、②が正しい文章です。

◎ 事故にでも遭っ**たり**したら大変だ。

　ちなみに、「たり」には、上記文例のように、単独で使用する用法もあります。ひとつの動作や状態を例に挙げ、ほかにも同類の事柄があることを暗示する用法（副助詞的用法）です。この用法があるために、【動作や状態を並列して述べる】目的の「たり」の一方が抜け落ちる間違いが多いのかもしれません。

第16章

呼応表現

日本語には「たぶん〜だろう」のように、ある言葉を使ったときに、決まった言葉・表現で受けなければいけないものがあります。これを「呼応表現」といいます。

呼応表現は、日本語のルールのひとつです。呼応表現が正しく使えていないと、ちぐはぐで稚拙な文章になりかねません。文章の据わりが悪く、論理も破綻しがちなため、読む人に負担を強いることにもなります。

理由を表す接続詞「**なぜなら〜**」は、「**〜（だ）から**」で受ける必要があります。「結果＋理由（原因）」の文章です。

× 彼女が営業で圧倒的な数字を出していることに不思議はありません。**なぜなら**、行動力とコミュニケーション力が抜きん出ているのです。

○ 彼女が営業で圧倒的な数字を出していることに不思議はありません。**なぜなら**、行動力とコミュニケーション力が抜きん出ている**から**です。

「結果＋理由（原因）」の文章には、「**〜したのは（〜できたのは）**」を「**〜（だ）から**」で受ける文型もあります。

× 転職**したのは**、どうしても IT 系の仕事をしたかったのです。

○ 転職**したのは**、どうしても IT 系の仕事をしたかった**から**です。

× 昇進**できたのは**、コツコツと仕事を頑張ったのです。

○ 昇進**できたのは**、コツコツと仕事を頑張った**から**です。

　この文型は「転職した。**なぜなら**、どうしても IT 系の仕事をしたかった**から**です」という具合に、「なぜなら、〜（だ）から」の文型でも言い換えることもできます。

　「テーマ（夢、目標）＋内容」の文章には「**〜は**」を「**〜こと**」で受ける文型があります。

× 今月の目標**は**、800 万円の売上げです。

○ 今月の目標**は**、800 万円売上げる**こと**です。

　テーマを示す「最大の懸案は〜」を、「〜（だ）から」で受けるのは誤りです。

× 最大の懸案**は**、台風 18 号が近づいているからです。

○ 最大の懸案**は**、台風 18 号が近づいている**こと**です。

　「**〜は**」を「**〜にある**」で受ける文型もよく使います。受け側の「〜」には、場所や所在、在処（ありか）、ポイントなどに関連する言葉が入ります。

× 交渉のコツ**は**、根回しだ。

○ 交渉のコツ**は**、根回し**にある**。

第16章　呼応表現

205

> × 責任**は**、担当者Aです。
> ○ 責任**は**、担当者A**にあります**。

　「**〜には**」を「**〜がある**」で受ける文型もあります。「Aには Bがある」と書いたとき、Aという場所にBが置かれているイメージです。

> × この会社では、フレックスタイム制がある。
> ○ この会社**には**、フレックスタイム制**がある**。

　「**あわや**」は、「**あやうく**」の意味。つまり、危険などがその身におよぶ直前を指す言葉です。ハッピーな出来事や好ましい出来事と結びつけて書くと、おかしな文章になってしまいます。
　もしも「過去最高の売上」を残すのであれば、「あわや」を用いずに、「あと少しで過去最高の売上を記録するところでした」のように書いたほうがいいでしょう。

> × **あわや**過去最高の売上を記録するところでした。
> ○ **あわや**過去最低の売上を記録するところでした。

　そのほか、誤った使い方をしがちな呼応表現を紹介します。とくに「受け」の誤りに注意しましょう。

◆ 以下は、語尾に（〜だろう／〜はずだ／〜と思う等）を伴う推量の言葉（「おそらく」「たぶん」「きっと」「やがて」「そのうち」）です。

× おそらく納期が遅れます。

○ おそらく納期が遅れるでしょう。

× たぶん依頼を受けてくれます。

○ たぶん依頼を受けてくれるでしょう。

× きっと間に合う。

○ きっと間に合うはずだ。

× やがて広まる。

○ やがて広まるだろう。

× そのうち来る。

○ そのうち来ると思う。

◆ 以下は語尾に「〜かもしれない」を伴う推量の言葉（「もしかしたら」「ひょとすると／ひょっとしたら」）です。

× もしかしたら落選だ。

○ もしかしたら落選するかもしれない。

第16章　呼応表現

207

> × ひょっとすると成功する。
> ○ ひょっとすると成功する**かもしれない**。

◆ 以下は、語尾に（**〜だ／〜である／〜する**等）を伴う断定の言葉（「**必ず**」「**絶対に**」「**まったく**」）です。

> × **必ず**成功すると思う。
> ○ **必ず**成功**する**。

> × **絶対に**勝つでしょう。
> ○ **絶対に**勝つ。

> × **まったく**同感でしょう。
> ○ **まったく**同感**です**。

◆ 以下は、語尾に（**〜ない**等）を伴う打ち消しの表現（「**全然**」「**まったく**」「**断じて**」「**決して**」「**さっぱり**」「**それほど**」「**少しも／ちっとも**」「**絶対に**」「**まるで**」）です。

> × **全然**協力する気がある。
> ○ **全然**協力する気が**ない**。

> × **まったく**相手になる。
> ○ **まったく**相手になら**ない**。

208

× **断じて**失敗する。

○ **断じて**失敗し**ない**。

× **決して**安い。

○ **決して**安く**ない**。

× **さっぱり**検討がつく。

○ **さっぱり**検討がつか**ない**。

× **それほど**重要な課題だ。

○ **それほど**重要な課題では**ない**。

× **少しも**嬉しい。

○ **少しも**嬉しく**ない**。

× **絶対に**許さないだろう。

○ **絶対に**許さ**ない**。

× **まるで**理解できる。

○ **まるで**理解でき**ない**。

第16章　呼応表現

◆以下は、語尾に（〜らしい／〜ようだ／〜そうだ／〜みたいだ等）を伴う伝聞・様態の言葉（「どうも」「どうやら」「まるで」「いかにも」「今にも」「さも」「あたかも」）です。

× その噂は**どうも**本当だ。
○ その噂は**どうも**本当の**ようだ**。

× **どうやら**残業している。
○ **どうやら**残業している**らしい**。

× **まるで**人気店だ。
○ **まるで**人気店**みたいだ**。

× **いかにも**西田さんの考えだ。
○ **いかにも**西田さん**らしい**考えだ。

× **今にも**ブレイクする勢いだ。
○ **今にも**ブレイク**しそうな**勢いだ。

× **さも**重大なスピーチをした。
○ **さも**重大**そうに**スピーチをした。

× **あたかも**夏の暑さだ。
○ **あたかも**夏の**ような**暑さだ。

210

◆以下は、語尾に（〜たい）を伴う希望や依頼の言葉（「**なんとしても**」「**どうしても**」「**できれば／できたら**」）です。

> × **なんとしても達成する。**
> ○ **なんとしても達成したい。**

> × **どうしても応援する。**
> ○ **どうしても応援したい。**

> × **できれば参加する。**
> ○ **できれば参加したい。**

◆以下は、語尾に（**〜してしまった**）を伴う言葉（「**つい**」「**うっかり（して）**」）です。

> × **つい寝坊した。**
> ○ **つい寝坊してしまった。**

> × **うっかり約束を忘れた。**
> ○ **うっかり約束を忘れてしまった。**

◆「**たった今**」は、完了形（〜した等）を伴います。

> × **たった今送信する。**
> ○ **たった今送信したところだ。**

第16章　呼応表現

◆「**ぜひ**」は、希望・依頼を意味する言葉（**〜たい／〜てください**等）を伴います。

× **ぜひ**参加します。
○ **ぜひ**参加**したい**です。

× **ぜひ**参加してもらいます。
○ **ぜひ**参加**してください**。

　「少しくらい呼応表現が間違っていてもいいのでは？」と思う人もいるかもしれません。しかし、呼応表現はひとつの型です。誤った使い方をすると、周囲の人から「学がない」「国語力が弱い」「日本語の常識を知らない」と思われかねません。あらかじめ間違えやすいパターンを把握しておくことが、呼応表現を正しく使うために有効な対策です。

■おわりに

接続詞の世界はいかがでしたか？　初めて触れた接続詞もあれば、知っている接続詞でも、改めてその意味やニュアンスを知ったという人もいたのではないでしょうか。

これからは、人の文章を読むときにも接続詞に注意を向けてください。とくに、あなたが「いい文章だ」と感じたとき、その文章のなかで接続詞がどのような役割を果たしているかチェックしてみてください。きっと、さり気なくも効果的に文章の行く先を読者に知らせてくれているのではないでしょうか。

「はじめに」でも書きましたが、言葉を正しく使うためには、正しい意味やニュアンスを知ることが欠かせません。あなたのなかに、使える接続詞の引き出しの数が増えたようであれば著者としてこれ以上の喜びはありません。

最後になりましたが、ロングセラーになっている『伝わる文章が「速く」「思い通り」に書ける 87 の法則』を筆頭に、これまでに 4 冊の本を担当していただいている明日香出版社の久松圭祐さんに心より御礼申し上げます。

また、いつも執筆の応援をしてくれる妻の朋子と娘の桃果にも感謝の気持ちを伝えたいと思います。いつもありがとう。

そして、この本を読み終えたあなたとのご縁にも感謝します。あなたの書く文章を通じて、あなたがもつ想いや情報、メッセージが、読む人と見ごとに接続することを祈っています。

2019 年 1 月　山口拓朗

山口拓朗の大人気メルマガ
『ダメ文に喝！』

ビジネス文章からメール、SNSでの情報発信まで、文章力アップにつながるノウハウを無料配信しています。

下記QRコードからアクセスしてください。

または、検索のうえ専用フォームよりご登録ください。

| 山口拓朗　メルマガ | 検索 |

山口拓朗の音声アルバム
伝わる！響く！動かす！
最強文章作成講座

音声アプリ「ヒマラヤ」で無料音声配信中！

【音声の視聴方法】
下記QRコードかURLからアクセスしてください。

http://m.himalaya.fm/58999/album/99849

【山口拓朗への講演・研修・執筆・取材の問い合わせ先】
メールアドレス：**yama_tak@plala.to**

※上記サービスは予告なく終了する場合があります。

■著者略歴
山口　拓朗（やまぐち　たくろう）

伝える力【話す・書く】研究所所長。出版社で編集者・記者を務めたのちに独立。23年間で3000件以上の取材・執筆歴がある。現在は執筆活動に加え、講演や研修を通じて「論理的なビジネス文章の書き方」「好意と信頼を獲得するメールの書き方」「売れるセールス文章＆キャッチコピーの作り方」「集客につなげるブログ発信術」など実践的ノウハウを提供。中国の5大都市で「Super Writer養成講座」も定期開催中。
著書は『伝わる文章が「速く」「思い通り」に書ける 87の法則』『買わせる文章が「誰でも」「思い通り」に書ける 101の法則』『伝わるメールが「正しく」「速く」書ける 92の法則』（いずれも明日香出版社）など15冊以上。文章作成の本質をとらえたノウハウは言語の壁を超えて高く評価されて

おり、中国、台湾、韓国など海外でも翻訳されている。

山口拓朗の公式サイト
http://yamaguchi-takuro.com/

山口拓朗の連絡先
yama_tak@plala.to

本書の内容に関するお問い合わせ
明日香出版社　編集部
☎ (03) 5395-7651

文章が劇的にウマくなる「接続詞」

2019年　2月27日　　初版発行		
	著　者	山　口　拓　朗
	発行者	石　野　栄　一

⚐明日香出版社

〒112-0005 東京都文京区水道 2-11-5
電話 (03) 5395-7650（代　表）
　　 (03) 5395-7654（FAX）
郵便振替 00150-6-183481
http://www.asuka-g.co.jp

■スタッフ■　編集　小林勝／久松圭祐／古川創一／藤田知子／田中裕也
　　　　　　　営業　渡辺久夫／浜田充弘／奥本達哉／野口優／横尾一樹／関山美保子／
　　　　　　　　　　藤本さやか　財務　早川朋子

印刷　美研プリンティング株式会社
製本　根本製本株式会社
ISBN 978-4-7569-2014-0 C0036

本書のコピー、スキャン、デジタル化等の無断複製は著作権法上で禁じられています。
乱丁本・落丁本はお取り替え致します。
©Takuro Yamaguchi 2019 Printed in Japan
編集担当　久松圭祐

ISBN978-4-7569-1667-9

伝わる文章が「速く」「思い通り」に書ける87の法則

山口 拓朗：著

B6並製　232ページ　2色刷
本体価格1400円＋税

ビジネスやプライベート（ブログなど）で文章を書くときに困るのは、書きたいことがなかなか表現できないことです。『書いた文章がなかなか伝わらない』『文章を書くのが下手で、時間だけがどんどん過ぎていってしまう』。このような悩みを持っている人のために、短時間に正確で伝わる文章を作成するテクニックを87項目でまとめました。